MURNAU und das BLAUE LAND

REISEFÜHRER

Genuss, Geschichte und Geschichten

MURNAUER MOOS, UFFING, RIEGSEE, STAFFELSEE, GROSSWEIL, OHLSTADT, GRAFENASCHAU

Allitera Verlag

Stills
Reise-Edition

INHALT

Auf ins Blaue Land!

„Das Blaue Land“ wird die Region im oberbayerischen Alpenvorland rund um den Staffelsee genannt. Das Blaue Land ist das blaue Land, weil man das Licht als blau oder blauer als anderswo empfindet. Es fällt jedem auf, der hier zu Gast ist. So prominent benannt haben es die großen Maler des Expressionismus, als sie in diese Gegend kamen und, inspiriert vom Licht, versuchten, ebensolch blauglänzende Bilder zu malen. Franz Marc und Wassily Kandinsky liebten Blau und liebten Pferde und diese Gegend. Was sie unter dem Namen „Der Blaue Reiter“ verpackten, ging in die Kunstgeschichte ein.

Neun Orte werden dem Blauen Land zugerechnet: Murnau, Seehausen, Uffing, Eglfing, Riegsee, Ohlstadt, Großweil, Grafenaschau und Spatzenhausen. Von hier ist es nicht weit nach Garmisch-Partenkirchen oder zu den Schlössern Linderhof oder Neuschwanstein von König Ludwig II. Aber genau diese Arten von Tourismusattraktionen gibt es im Blauen Land nicht. Hierher kommen Menschen, die in Ruhe die Seele baumeln lassen wollen, die sich inspirieren lassen in der Natur, sich nähren an der Schönheit und ihre Gedanken schweifen lassen in der Weite der Landschaft. Der Blick auf das Gebirge – das Estergebirge,

Das Blaue Land zeigt sich wie ein Amphitheater mit stolzer Bühne.

das Wettersteingebirge, die Ammergauer Alpen – ist einmalig, und wenn das rechte Licht leuchtet, mag man glauben, der Herrgott hätte grad sein Fenster aufgemacht.

Der Staffelsee lädt ein zum Wasservergnügen, um den Riegsee ist bayerisches Bauernland mit viel Tradition, die noch echt scheint, nicht Touristenfolklore. Was das Blaue Land heute so besonders macht? Die Menschen! Sie geben einem das Gefühl von Heimat, zeigen sie stolz und schützen sie. Sie arbeiten fleißig dran, dass alles schön und gepflegt ausschaut, dass Blumen, Wiesen, Felder da sind, dass Bräuche erhalten bleiben. Nur zu viel soll es nicht sein, weder für die Hiesigen noch für die Gäste. Hier lebt man nicht „überdüber“, sondern einfach und guat. Und so findet sich bei einem Urlaub im Blauen Land ein Gefühl von Maß und Mut fürs echte Leben, von dem man dann auch zu Hause noch lange erfüllt sein kann.

Bsonders

Das sollten Sie im Blauen Land erlebt haben

1 Durchs Moos wandern

Frühmorgens mit einem Guide durch die faszinierende Naturlandschaft streifen, dem Crex-Crex-Ruf des Wachtelkönigs oder dem Wü-Whü des Karmingimpels zuhören.

2 Schloßmuseum Murnau erkunden

Neuestes Altertum und ausdrucksstarkes Lebensgefühl: Das Museum zeigt ungesehene Stücke der Antike und weltbekannte expressionistische Maler. Herzstück: „Der Blaue Reiter“ und seine Werke.

3 Münter-Haus bestaunen

Das kleine Häuschen mit dem bezaubernden Garten (besonders schön, wenn von Juli bis Oktober die Sonnenblumen blühen) ist der einzige Ort, der dauerhaft an eine Malerin aus der Kunstepoche des Expressionismus, an Gabriele Münter, erinnert.

4 Aufs Alpenpanorama gucken

Das kann man fast überall, am liebsten aber beim Espresso in der Murnauer Marktstraße.

5 Über den Staffelsee schippern

Sich am Abend an Bord der „MS Seehausen“ in der Blauen Stunde entspannt über den See fahren lassen.

6 Im Seidlpark sandeln

Einfach nur entspannt durchs Grün wandeln, am Weiher sitzen und auf die Wiesen und Bäume blicken. Sich Zeit nehmen.

7 Kaulbach-Villa besuchen

Vornehme Damen im Gemälde betrachten – so war es also, als es noch Malerfürsten gab, die Schönheit ungefiltert, aber mit Zauber abbildeten.

8 Am Ähndl ein Bier trinken

Das Kircherl, der Biergarten, das Moos und das Bergpanorama: Hier würde wohl selbst der Herrgott gern amal Brotzeit machen.

9 Mit dem Radl rumfahren

Das Blaue Land hat ein grandios großes Radwegenetz. Je nach Kondition einfach eine Strecke aussuchen und nicht mehr absteigen. Höchstens für eine Rast in einem Biergarten …

10 Aufs Hörnle schweben

Mit der Schwebebahn auf den Gipfel. Von da oben hat man einen tollen Blick übers Blaue Land, auf seine funkelnden Seen und das Murnauer Moos.

Blaues Naturphänomen

Was als Blau im Licht vom Blauen Land wahrgenommen wird, hat auch mit der Natur zu tun und ist nicht nur ein künstlerischer Ausdruck. Murnau befindet sich auf der Nordseite der Kalkalpen. Dieses Gestein ist wasserdurchlässig, die Feuchtigkeit diffundiert, die Berge „schwitzen“. In diesen Wasserperlen bricht sich das Licht und wirkt – je nach Bewölkung – blau oder noch blauer.

Sieben Souvenirs fürs Herz

Halten an der Kottmüllerallee

Bäume zählen an der alten Eichenallee. Der Verschönerungsvereinsvorsitzende Emeran Kottmüller hatte echten Weitblick: Er ließ vor anderthalb Jahrhunderten 140 Eichen pflanzen. Das war mal echte Nachhaltigkeit. Die Eichen rascheln mit ihrem Laub, es klingt nach Halt und Bodenständigkeit.

Gründeln im herbstlichen Moos

Golden wogt das Gras und raschelt das Ried im Herbst. Unvergesslich gülden und fast wie im Märchen: Vielleicht kommt ja gleich ein Rumpelstilzchen und macht Gold daraus? Ein Moment, der lange weiterleuchtet.

Aussichtsstadeln

Unvergesslich! Diesen Blick kann man als Souvenir fürs Herz lebenslang mit sich tragen. Der Weg vom Staffelsee kommend über den Ortsteil Berggeist zum dortigen Aussichtsstadl: Das Murnauer Moos inklusive Bergpanorama öffnet sich und die Schönheit haut dich förmlich um. Und die Hohe Kisten sieht man von hier natürlich auch.

Peter Rößler, Murnauer Blogger

Den Sommernachtstraum träumen

Im Seidlpark vor dem „Gloriettl" noch mal aus Shakespeares „Sommernachtstraum" rezitieren und mit Elfenkönig Oberon und dessen Diener Puck sich die Geschicke der Menschheit schöner erträumen. So wie damals, als Herr von Seidl hierher einlud zum geselligen Theaterspiel.

Musi im Moos mitmachn

Sunnabankl Musi oder *Blusnknepf* oder *Pilsisaus Musi* heißen die Gruppen beispielsweise. Jedes Jahr kommen im September mehr als ein Dutzend Musikgruppen aus Bayern und Österreich ins Murnauer Moos zum „Aufgspuit" . Da ist für jeden

Das Murnauer Moos: Naturschauplatz mit einzigartigem Farbschauspiel

was dabei, und bei Schmalznudln und Kaffee wird das zur Herbstzeitmelodie im Herzen.
Alexandra Thoni, Leiterin Tourist Information Murnau

6 Ins Gebirg blicken

Unvergleichlich schön – der Blick von der Marktstraße in die Berge. Er reicht vom markanten Gipfel der Hohen Kisten zur Zugspitze, weiter zum Ettaler Mandl und zum … Sprizz. Da braucht keiner ein schlechtes Gewissen zu haben, man könnte sich ja eh nicht entscheiden, welche Tour man zuerst gehen müsste.

7 Königlich bankeln

Einen Thron haben sie nicht aufgestellt, aber viele Bankerl. Der Königsweg führt zu den schönsten Aussichtspunkten des Blauen Landes rund um den Staffelsee. Auf der „Ludwigshöhe" offenbart sich ein majestätischer Blick über den See.
Simon Bauer, genialer Fotograf und Destinationsmanager Blaues Land

EAGLEWINGS
Marmot
LEICA

Nomi Baumgartl

Murnauer Moos statt Mode in New York

Als die legendäre Modefotografin vor Jahren nach Murnau zog, stellten ihr viele die Frage: Wieso? Aber Nomi Baumgartl wollte an einem Ort leben, der Heimat bieten kann für großen Geist. Das hat sie hier gefunden, im Blauen Land, wo Schönheit und Kunst verwurzelt sind. Dort, wo sich die Alpen wie in einem Amphitheater als Kulisse vors Fenster schieben. „Sie sind so nah und doch so fremd", sagt sie. „Umweltschutz sollte vor der Haustür beginnen, nicht irgendwo auf der Welt." Große Fotoserien hat sie dafür erarbeitet, ihr neuestes Fotoprojekt: „Eagle Wings – Protecting the Alps". Wer mit Nomi Baumgartl spricht, ist sofort eingefangen von einer angenehmen Stimme, durch die viel Lebensliebe hörbar wird. Diese Frau scheint erfüllt von Dankbarkeit über ein geglücktes Tun. „Ich erlebte eine legendäre Zeit in New York", erzählt sie. „Das war spannend." Nomi prägte mit ihrer Arbeit unter anderem die Ära der Supermodels, in einer Zeit, in der sie durch ihre Fotografien Frauen wie Kate Moss, Linda Evangelista, Nadja Auermann, Christy Turlington und Tatjana Patitz zu wahren Ikonen und Sinnbildern einer ganzen Epoche werden ließ. Im Blauen Land fand Nomi Baumgartl zur inneren Ruhe. Seit Jahren setzt sie sich ein, das fragile Gleichgewicht zwischen Mensch und Natur sichtbar zu machen. Wo könnte dafür ein besserer Ausgangspunkt sein, als wenn man direkt am Murnauer Moos lebt, dem größten erhaltenen Moorgebiet Mitteleuropas?

Nomi Baumgartls Arbeiten sind in namhaften Museen und internationalen Sammlungen zu finden. Ende 2022 hat sie die „Eagle Wings Foundation" (EWF) *gegründet. Vielleicht kommt einem Nomi Baumgartl einmal an der Kottmüllerallee entgegen … Näheres zu ihr unter: www.nomibaumgartl.com*

extra

Das „Eagle Wings"-Projekt

„Wir müssen den Blick des Adlers einnehmen, um die richtigen Entscheidungen für die folgenden Generationen zu treffen", besagt eine alte Irokesen-Weisheit. Nomi Baumgartl hat sich einen trainierten Adler zum Partner gemacht und ihn mit einer Kamera ausgestattet. Er ergänzte das Auge von Nomi am Boden mit dem, was er aus der Vogelperspektive sah. So entstanden Bilder, die Himmel und Erde miteinander verbinden. Nomi Baumgartl machte mit frühen Fotokunstprojekten auf die Fragilität der Natur auf diesem Globus aufmerksam. 2000 und 2001 organisierte sie vor den Bahamas Unterwasserproduktionen mit Supermodel Tatjana Patitz, die mit Delfinen schwamm. Es entstanden entrückt schöne Schwarzweißfotografien, mit denen Nomi Baumgartl die Organisation „Dolphin Aid" unterstützte, die behinderten Kindern Delfintherapien ermöglicht. Mit „Stella Polaris" hatten sie und ein ausgewähltes

Team 2012 ein global angelegtes Kunstprojekt ins Leben gerufen, das mit atemberaubenden Fotografien und Filmaufnahmen von ausgeleuchteten Eisbergen und Gletschern Grönlands die verschwindenden Naturgewalten in magischen Momentaufnahmen dokumentiert. Das arktische Lichtkunstprojekt schlug in den frühen Diskussionen um den schnell voranschreitenden Klimawandel eine bewusstseinsbildende Brücke. Seit 2009 beschäftigt sich Nomi Baumgartl mit der Eisschmelze in der Arktis und in den Alpen. Denn der Klimawandel passiert eben auch vor der Haustüre, nicht nur in fernen Regionen. Die Gletscher sind das Gedächtnis der Klimageschichte und das Fieberthermometer der Erde. Nomi Baumgartls Bilder zeigen die Seele der Alpen. Um diese zu schützen, hat sie die „Eagle Wings Foundation" auf den Weg gebracht.

www.eaglewingsfoundation.org

Pete Rösler
Der Blaue-Blog-Schreiber

Wer mit ihm spricht, der hört einen recht hochdeutschen Sprecher. Wer seinen Blog liest, der erfährt von seiner Neugier aufs Blaue Land. Pete Rösler kennt sich aus, aber bleibt auf Distanz. Er fragt die Menschen, warum sie in Murnau sind, sich engagieren, was ihnen gefällt. Sein Blog ist kein Ego-Gesabbel, das nur seine eigenen Erlebnisse weiterplappert. Er stellt Menschen vor und fragt sie, was sie tun, oder er stellt Dinge vor und fragt, warum sie so sind. Also fragen wir ihn Blogger-stilgemäß schriftlich und das schreibt er zurück: „Warum ich Murnau und das Blaue Land so gerne mag? Murnau bietet eine perfekte Kombination aus Natur und Kultur. Wobei mich die Natur besonders anspricht: morgens durchs Murnauer Moos spazieren, abends aufs Hörnle wandern oder den Sonnenuntergang auf dem SUP am Staffelsee genießen. Das wird nie langweilig.
Die Fußgängerzone am Ober- und Untermarkt ist dank Herrn Seidl so schön und wirkt dabei überhaupt nicht kitschig. Die Menschen hier sind divers und herzlich: vom heimischen Grantler (‚Was wuist, du Batzi?') über den skeptischen Oberländer (‚So ham mia des no nia gmocht.') zum liberalen Zuagroasten (‚Als ehemaliger Großstädtler muss ich sagen, dass …'). Als Einwohner von Murnau am Staffelsee schreibe ich im murnauer.blog über meine Erlebnisse, Erfahrungen und Geschichten als Bewohner des Blauen Landes."
www.murnauer.blog

Pete Rösler begegnet kann man auch mal bei einer Führung mit einem der Gästeführer.

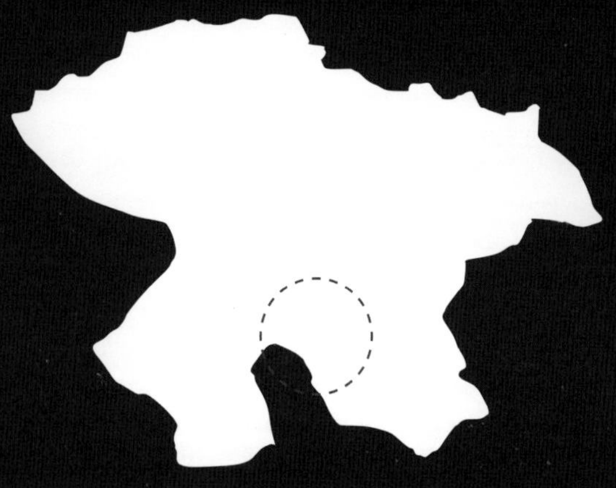

MURNAU

MURNAU

Woran man erkennt, dass einer von da ist oder eben nicht von da ist? Ein Einheimischer würde Murnau nie als Stadt, Ort oder Dorf bezeichnen. Murnau ist ein Markt. Das Recht, sich als solcher zu bezeichnen, hat man seit 1350 – und darauf ist man stolz.

Der Markt entstand im 12. Jahrhundert um die Burg Murnau, 1150 ist es erstmals urkundlich erwähnt. Das Kloster Ettal übte lange Jahrhunderte die Gerichtsbarkeit aus.

Die Gegend um Murnau war bereits früh besiedelt. Entlang der Römerstraße, die über den Brennerpass nach Augsburg führte, finden sich römische und keltische Spuren. Auf dem inzwischen abgetragenen Moosberg im Murnauer Moos fand man Reste einer Besiedlung aus dieser Zeit. Der Name Murnau leitet sich vermutlich von Mure und Aue ab. Man spekuliert, dass damit das Gelände vor einem eiszeitlichen Gesteinsschub gemeint war, das sich in die wassergeprägte Niederung an der Loisach hinzog.

Heute leben in „Murnau am Staffelsee“, so lautet der offizielle Name, nicht ganz 12 500 Menschen. Der Markt gehört zum Landkreis Garmisch-Partenkirchen. Der Staffelsee grenzt direkt an den westlichen Ortsrand an; das Murnauer Moos, das größte seiner Art Mitteleuropas, liegt im Süden.

Murnau ist ein bedeutender Gesundheitsstandort. Überregional besten Ruf hat unter anderem das Berufsgenossenschaftliche Unfallklinikum.

Wurmau

Der Lindwurm ist das Wappentier der Gemeinde Murnau. Die älteste erhaltene Form des Wappens ist ein Gemeindesiegel von 1347. Der Lindwurm ist also ein „Wurm" und darum leiten manche den Namen Murnau auch von „Wurmsau" oder „Wurmau" her. Allerdings scheint das eher eine nette Idee als ein belastbarer Fakt zu sein. In alten Urkunden wird der Markt als „Murninsowe", „Murnouve" oder „Murnawa", nie aber als „Wurmsau" oder ähnlich bezeichnet.

Der Sage nach lebte in der Murnauer Gegend einst ein Drache, der Menschen und Vieh schadete. Er forderte seine Opfer und die Bürger wollten ihm den frechen Schusterbuben geben. Der aber war ein schlauer Bursch. Er füllte eine Kalbshaut mit ungelöschtem Kalk und warf dies dem Drachen zum Fraß vor. Da der Drache nach seinem Mahl durstig war, trank er Wasser – und zerplatzte, denn Kalk und Wasser werden miteinander hitzig. Die Fetze des Drachen versanken im See. Man kann die Reste heute noch sehen: Es sind die sieben Inseln im Staffelsee.

Übrigens: Ein Drache speit Feuer, hat vier Füße und kann fliegen. Ein Lindwurm schaut nur aus wie ein Drache, hat nur zwei Füße und keine Flügel. Murnau hat das schicke Wappentier, weil der Schusterbub aus der Sage es sich dann beim Kaiser so wünschte.

Anschauen

Marktstraße

Sie ist die Hauptstraße Murnaus und zieht sich leicht gekrümmt von Nord nach Süd. Die Abschnitte Ober- und Untermarkt bilden heute weitgehend eine Fußgängerzone. Der Kernbereich des Orts entwickelte sich an einer mittelalterlichen Route, die von Innsbruck nach München führte. Murnau war und ist vor allem handwerklich und gewerblich strukturiert, ohne größere Industriegeschichte. In der ersten Hälfte des 19. Jahrhunderts zerstörten mehrere Brände große Teile des Marktes. Die Bürgerhäuser des Obermarkts

Östliche Altstadt-Häuserzeile

entstanden nach dem Brand von 1835, die des Untermarkts nach dem von 1837 und 1851. Die gesamte Innenstadt wurde in den Jahren 1906 bis 1910 vom Ortsverschönerungsverein und dem Architekten Emanuel von Seidl (→ siehe S. 32f.) neu gestaltet. Er gab Murnau diese bunten Fassaden, die so charmant städtischen Charakter ausstrahlen.

Die östliche Häuserzeile der Marktstraße ist am Anfang und gegen Ende hin zweigeschossig, in der Mitte dreigeschossig angehoben. Einziger Schmuck: profilierte Tor- und Fensterrahmungen, Sohlbank- und Traufgesimse, vereinzelt Fensterläden und Holztüren. In der westlichen Zeile setzt die weit ausgreifende, breit gelagerte Brauerei Griesbräu am Obermarkt einen Akzent. Das erinnert an die Zeit, als das Braugewerbe wirtschaftlich stark war. Am Untermarkt 44 präsentiert sich das Hotel Angerbräu in einem Gebäude aus dem 17. Jahrhundert. Trotz moderner Ladeneinbauten und Veränderungen der Fenster, die heutigem Anspruch genügen müssen, ist die traditionelle Architektur in ihrer Substanz noch erhalten.

Herrschaftlich: Treppengiebel am Angerbräu

Murnaus Mittelpunkt: die Mariensäule

Mariensäule

Die Mariensäule wurde um 1700 errichtet. Sie zeigt eine für die Barockzeit typische Darstellung der Madonna mit Jesuskind: die gekrönte Maria steht auf der Mondsichel, ein Sternenkranz ziert ihren Kopf, in der linken Hand hält sie ein Lilienzepter. 1939 wurde die Skulptur entfernt, angeblich, weil die Omnibusse nicht um die Kurve kamen. Es passte aber gut in die Zeit damals. 1975 hat man die Marienfigur wieder aufgestellt und seitdem ist sie der Mittelpunkt der Marktstraße.

Maria-Hilf-Kirche

Die Mariensäule steht direkt vor dem Eingang der kleinen Kirche Maria Hilf, die in die östliche Häuserzeile eingebunden ist. Es war eine Stiftung der Bierbrauerswitwe Maria Praßler im Jahr 1628, mitten im Dreißigjährigen Krieg. Gebaut wurde aber erst danach, so um 1655. Im Spanischen Erbfolgekrieg, als der bayerische Kurfürst in Belgien saß und Bayern von österreichischen Truppen besetzt war, wurde Murnau mehrfach überfallen und gebrandschatzt. 1774 zerstörte ein Brand die Maria-Hilf-Kirche komplett. Zwar wurde sie in den Folgejahren wieder aufgebaut, vom Originalkircherl ist aber wenig erhalten. Der heutige zu sehende Bau wurde zuletzt in den 1980er-Jahren restauriert.

Sehenswert sind die drei Rokokoaltäre und die neubarocken Deckenmalereien von Waldemar Kolmsperger aus dem Jahr 1907.

Maria-Hilf-Kirche

Das Hauptbild im Gewölbe zeigt die Muttergottes als Helferin in allen Nöten. 1824 sei die Marienfigur, die am Kreuzfuß des großen Kruzifixes steht, wundertätig gewesen. „An dem schmerzhaften Mutter Gottes Bilde, das aus Holz geschnitzt und zu den Füssen eines Crucifixes auf dem Eichholz befestigt war, sei etwas Wunderbares gesehen worden, es habe die Augen gewendet, es weine und dergleichen", so erzählt es der Chronist Simon Baumann 1855, also gut 30 Jahre nach den Geschehnissen. In der Bevölkerung habe sich die Kunde in Windeseile verbreitet, aber Pfarrer und Bürgermeister fanden „nichts von dem, was man sich erzählte". Es war der Umsicht des Pfarrers zu verdanken, dass die Spendengelder nicht in eine neue Wallfahrtskirche investiert wurden, wie es das Volk wollte, sondern guten Zwecken zukamen. Im Murnauer Pfarrverband gibt es heute 11 Kirchen und 18 Kapellen, die es zu unterhalten gilt.

Rathaus

1842 wurde das Rathaus am Untermarkt 13 errichtet. Der Bau im neugotischen Stil kostete damals 19000 Gulden, das entspricht heute einer Kaufkraft von etwa ½ Million Euro. Im Vorgängergebäude befanden sich einst die Schrannenhalle und das Brothaus sowie das „Feuerlöschrequisitenlokal". Auf der einen Seite der Rathausfassade ist eine Darstellung der Mater Dolorsa, auf der anderen Ludwig der Bayer (1282/1286–1347) zu sehen. Das Bildnis des Wittelsbacher Herrschers (→ siehe Abb. S. 34) erinnert daran, dass er es war, der 1332 den Markt kaufte und ihn mit all seinen Einwohnern und

Das der Neugotik nachempfundene Rathaus am Untermarkt

Rechten dem von ihm gegründeten Kloster Ettal übertrug. Ludwig der Bayer war ab 1328 nicht nur König, sondern Kaiser des Heiligen Römischen Reichs.

Noch eine Notiz zur Nutzung: Im ersten Stock des neu gebauten Rathauses lagen die Wohnung des Gemeindeschreibers, der Rathaussaal und die Magistratskanzlei. Das Gebäude ist mehrfach den Anforderungen an eine moderne Verwaltung angepasst worden. Unten im Haus befindet sich heute die Tourismusinformation.

Pfarrkirche St. Nikolaus

Die Murnauer Pfarrkirche ist so, wie sie heute dasteht, 1717 bis 1734 erbaut worden. Davor gab es hier ein deutlich älteres Gebäude, das wohl schon in der Romanik bestand. St. Nikolaus zählt zu den bedeutenden Gebäuden des bayerischen Spätbarock. Die weiträumige Kuppel umfasst gut 500 Quadratmeter. Die Stuckatur wird der berühmten Wessobrunner Schule von Johann Baptist Zimmermann zugeschrieben. Der Rokokohochaltar zeigt den Heiligen Ni-

Murnauer Schloss und Pfarrkirche St. Nikolaus

kolaus als Fürbitter bei Christus. Sechs Seitenaltäre verstärken den Eindruck des Kirchenraums in seiner ganzen Pracht. Außerdem gibt es eine Rokokokanzel und an den Seitenwänden reihen sich zahlreiche Votivgemälde.

Auf dem Friedhof rund um die Murnauer Pfarrkirche St. Nikolaus haben einige Menschen mit großem Namen ihre letzte Ruhe gefunden. Die Malerin Gabriele Münter und ihr Lebensgefährte Johannes Eichner wurden hier bestattet, das Familiengrab derer von Horváth ist hier. Ein Blick vom Friedhof aufs Blaue Land ist bei schönem Wetter wahrlich himmlisch.

Schloss und Schloßmuseum Murnau

Der Wohnturm stammt aus dem 1233 und ist der Kern des Schlossgebäudes. Anbauten kamen erst in den späteren Jahrhunderten dazu. Rund 400 Jahre war die Burg dann Amts- und Wohnsitz der Amtsrichter des Klosters Ettal. Kaiser Ludwig der Bayer hat den Markt Murnau in seiner Gesamtheit, also mit Burg und Häusern, Mann und Mäusen gekauft und dem Kloster Ettal übergeben. Bis 1803, als Kurfürst Max IV. Joseph und sein Minister Maximilian Montgelas die Säkularisation durchzogen und die Klöster entmachteten, blieb

Murnau abhängig von Ettal. Danach wurde das Schloss in verschiedenen Funktionen genutzt, heute ist es Museum. Die fast 800 Jahre dauernde Geschichte der Burg ist immer wieder sichtbar, wenn man durch das Gebäude geht. Hinter Schiebefenstern oder Treppenabgängen sieht man in die unterschiedlichen Gesteinsschichten und Gemäuer. Auch archäologische Funde wie Gefäße, Keramik, Glas, Münzen oder Tierknochen sind erhalten.

Herzstück des heute hier untergebrachten Museums, das 1995 mit dem Bayerischen Museumspreis ausgezeichnet wurde, bildet die umfangreiche Werksammlung von Gabriele Münter (→ siehe auch S. 90ff.). Mit über 80 Gemälden, Zeichnungen und Grafiken sind alle Schaffensphasen der Künstlerin hier vertreten. Besonders besonders: ihre Linolschnitte. Die bekommt man sonst kaum zu sehen – und gerade sie haben eine ganz eigene Ausdrucksstärke.

Ein weiterer Schwerpunkt des Hauses ist die Malerei des 19. Jahrhunderts. Bereits vor 1900 entdeckten Münchner Maler die poetischen Reize der Natur für ihre Malerei. Nicht nur zahlreiche Münchner Künstler wie etwa Carl Spitzweg fanden ihre Motive in der reizvollen Alpenvorlandschaft, sondern auch „Nordlichter“ wie Wilhelm Busch oder Christian Ernst Bernhard Morgenstern.

Schlosshof in Murnau

Murnau mit Kirche II
1910 schuf Wassily Kandinsky während seiner Murnauer Zeit das Ölgemälde „Murnau mit Kirche II". Das Auktionshaus Sotheby's erzielte in London im März 2023 bei seiner Versteigerung einen Rekordpreis: 42,3 Millionen Euro. So viel ist noch nie zuvor für ein Œuvre von Kandinsky gezahlt worden. Die Vorbesitzerin Johanna Stern verkaufte es in der NS-Zeit unter Zwang und starb im Holocaust.

Und es gibt eine vielseitige Hinterglaskunstsammlung: neben regionalen Exponaten aus dem Staffelseegebiet und Augsburg auch internationale Hinterglasmalzeugnisse.
Neues Highlight ist ein Raum, in dem neben alten Wandmalereien, auch einige Objekte aus der Antikensammlung von James Loeb (→ siehe Abb. S. 101) gezeigt werden. Der amerikanische Bankier deutsch-jüdischer Abstammung hatte ab 1906 seinen Wohnsitz in München, ab 1921 lebte er zurückgezogen auf dem Landgut Hochried bei Murnau und ist auch hier gestorben. Es ist tatsächlich gelungen, nicht nur diese wertvollen Skulpturen des bedeutenden Kunstsammlers und -mäzens wieder nach Murnau zu holen, sondern man fand auch die Vitrinen, die ursprünglich noch aus dem Besitz von James Loeb stammen. Der Raum ist eine neue Attraktion im Schloßmuseum Murnau.

Murnau, Schloßhof 2–5
Öffnungszeiten:
Ganzjährig geöffnet, Di–So, 10–17 Uhr, Montag geschlossen
Juli bis Ende September: zusätzlich Sa. und So., 10–18 Uhr
☎ 08841 476207 (Kasse)
www.schlossmuseum-murnau.de

König-Ludwig-II-Denkmal

Am Rande des Murnauer Kulturparks steht eine Büste des

Märchenkönigs. Das Denkmal ist das erste und damit das älteste König-Ludwig-Denkmal in Bayern. 1894 wurde diese nischenartige Anlage in historisierenden Formen erbaut. Seitlich sitzen Bronzelöwen. Es dürfte eher einer Modeerscheinung geschuldet sein, denn zu jener Zeit baute man überall nette Denkmäler, die das Nationalgefühl stärkten, als dass man ausgerechnet acht Jahre nach seinem Tod an den exzentrischen bayerischen Monarchen erinnern wollte. Allerdings war er wohl oft und gerne in Murnau und machte hier Zwischenstation im Hotel Post, wenn er von seinen Schlössern Linderhof oder Neuschwanstein an den Starnberger See oder nach München reiste.

Von hier startet auch der 4 Kilometer lange Königsweg. Einfach den Schildern folgen: Es gibt auf der Ludwigshöhe einen wahrlich majestätischen Blick über den Staffelsee.

Horváth-Hut

Im Kulturpark findet sich auch die Skulptur „Horváth-Hut". Sie wurde 2001 während der Murnauer Horváth-Tage aus Anlass des 100. Geburtstags des Schriftstellers Ödön von Horváth aufgestellt. Konzept und Ausführung stammen von Pe Hebeisen-Unruh, Fabian von Streit und Thomas Bruner. Unter dem roten Hut gründete sich 2003 die Horváth-Gesellschaft, die alle drei Jahre zum Kulturfestival der Horváth-Tage in Murnau lädt.

Lourdesgrotte

Wer die Kottmüllerallee hinaus Richtung Moos marschiert, hat die Wahl: Geradeaus zu einem Aussichtspunkt übers Moos zu gehen und zu staunen oder rechts in den Hörnleweg einzubiegen und dann erst zu staunen. Man kommt an einer schattigen Waldschlucht vorbei, da ist eine Grotte mit großer Marienfigur in den Hang eingebaut. Die Anlage besteht seit 1893, es gibt überbaute Quellen und hübsche Bachufer – ein meditatives Erlebnis.

Ramsachkircherl

Einmalig die Lage, einmalig die Kirche. Direkt am Nordrand des Naturschutzgebiets „Murnauer Moos" steht „'s Ähndl", wie die Einheimischen sagen. Also die Ahnin aller Kirchen im Blauen Land, es wäre der Gründungslegende nach die älteste Kirche Oberbayerns. In der Deckenin-

Ramsachkircherl, genannt das „Ähndl“

schrift wird auf einen Vorgängerbau von Mitte des 8. Jahrhunderts verwiesen. Als Gründer nennt die Legende den Heiligen Bonifatius, der Germanien christlich missionierte.

Das ist weder archäologisch nachweisbar und gilt aufgrund der Siedlungsgeschichte in der Region als unwahrscheinlich, noch ist ein Kirchengebäude an dieser Stelle vor dem 14. Jahrhunder urkundlich fassbar. Aber es ist eine schöne Geschichte.

Was wohl wirklich so alt zu sein scheint, ist die geschmiedete und genietete Eisenglocke, die neben dem Altar hängt. Solch nutzten die iroschottischen Missionare. Sie dürfte eine der ältesten christlichen Glocken auf dem europäischen Festland sein. So, wie die Kirche heute zu sehen ist, ist sie im Spätbarock gefasst worden. Das Altarbild zeigt den Heiligen Georg, den Drachentöter. Er kämpft gegen das Böse und ist Schutzpatron für Ritter, Kreuzfahrer und Reisende.

Die Kirche liegt auf einem kleinen Hügel, der sich in den Hang des Molasse-Rückens einfügt, durch den das Murnauer Moor nach Norden begrenzt wird. Sie ist umgeben von einem heute aufgelassenen Friedhof, der im ausgehenden Mittelalter als Pestfriedhof genutzt wurde. Westlich der Kirche steht der ehemalige Hof Ramsach (→ heute Wirtshaus, siehe S. 51), ein Blockbau mit Flachsatteldach und Zierbund

aus dem 18. Jahrhundert. Beides, Kircherl und Haus, stehen unter Denkmalschutz.
Wer nicht so kunsthistorisch unterwegs ist, sollte einfach in den Biergarten vom Ähndl gehen. Der Blick übers Moos ist einfach der Hammer!

Münter-Haus (→ siehe S. 92)

Seidlpark

Der Münchner Architekt Emanuel von Seidl (1856–1919) gab Murnau sein Gesicht. Er baute sich auch selbst eine Villa mit großem Garten. Die Villa steht nicht mehr, aber ihr Garten ist der heutige nach ihm benannte Seidlpark. Der Förderkreis Murnauer Parklandschaft e. V. hat es sich zur Aufgabe gemacht, ihn zu erhalten und teilweise in seinen ursprünglichen Zustand zu versetzen: so etwa den Hirschenplatz und den Freundschaftshügel (→ siehe Abb. unten) – Emanuel von Seidls Lieblingsplätze. Bekannt ist, dass Seidl mit Freude große Gartenfeste feierte. Die Aufführung von Shakespeares „Ein Sommernachtstraum" unter freiem Himmel und unter der Regie von Max Reinhardt war einer der zahlreichen Höhepunkte. Der alte Baumbestand, ein mit Seerosen bewachsener Teich und die alten Statuen und Denkmäler dazwischen lassen einen sich wie in einer Zeitkapsel fühlen. So also muss es um 1900 gewesen sein. Traumhaft schön, romantisch und wild. (→ Siehe auch S. 33)

Murnau, Seidlpark 1 oder
Hechendorfer Straße 11
Rund um die Uhr geöffnet

Schloss Neu-Egling

Für Fernseh-Junkies: Das Schloss war Drehort der ZDF-Serie „Herzflimmern – Die Klinik am See". Der Architekt und Baubeamte Prof. Carl Hocheder begann 1910 mit dem Bau, drei Jahre später war das Schloss mit seinem markanten Walmdach im damals hochmodernen neubarocken Stil bezugsfertig. Es steht heute unter Denkmalschutz und ist im Besitz der Familie derer von Poschinger-Camphausen, einem uralten bayerischen Adelsgeschlecht, erstmals 1140 genannt. Nicht so die TV-Schmonzette, die als Daily Soap mit 255 Episoden ab 2011 ausgestrahlt wurde und in die Annalen der deutschen Fernsehgeschichte einging.

Murnau, Schloß Neu-Egling 8. Poschinger Allee, von der Werdenfelskaserne, in Richtung Wasser

Führung

Die Murnauer Gästeführerin Kathrin Succow hat unter dem Motto „Gönner, Geber und Mäzene im Blauen Land" eine Tour für diesen Reiseführer ausgearbeitet, auf der man nicht nur den Markt und seine Umgebung näher kennenlernen kann, sondern auch einen speziellen Aspekt seines reichhaltigen kulturellen Lebens. Kathrin Succow ist Stiftungsrätin in mehreren Stiftungen und Botschafterin für Engagement aus Leidenschaft.

Dauer: 2 Stunden, Termine auf Anfrage, max. 15 Personen
www.kathrin-succow.de

Murnau in Hollywood

Der Markt Murnau war Namensgeber für eine höchst schillernde Stiftung. 1966 wurde die Friedrich-Wilhelm-Murnau-Stiftung gegründet. Es ist eine große deutsche Filmstiftung mit Sitz in Wiesbaden. Ihr Name erinnert an den deutschen Stummfilmregisseur Friedrich Wilhelm Murnau (1888–1931), den Regisseur des Stummfilms „Nosferatu" (1922), der in die Filmgeschichte einging. Eigentlich wurde der Mann als Friedrich Wilhelm Plumpe geboren. Er war homosexuell und wollte sich auch dazu bekennen, doch seine Familie –der Vater war ein wohlhabender Tuchhändler aus Bielefeld – fand das und seine Künstlerambitionen gar nicht

Friedrich Wilhelm Murnau, 1924

erfreulich. Der Sohn ging trotzdem seinen völlig unbürgerlichen Weg. Zunächst arbeitete er unter dem berühmten Max Reinhardt als Schauspieler, dann als sein Regieassistent. Während des Ersten Weltkriegs diente er als Flieger und reiste mit dem Maler Henri Matisse nach Tahiti. Dann landete er in Hollywood. Als es mit seiner Familie zum Bruch kam, benannte Friedrich Wilhelm sich aus Liebe zu diesem Flecken Erde nach dem Markt Murnau, wo er begeistert seine Zeit verbracht hatte. 1910 war er zum ersten Mal in Murnau. Als expressionistischer Filmemacher kam er mit seinen Künstlerfreunden, die der Gruppe des Blauen Reiter angehörten, ins Blaue Land. Seine Filme wurden Glanzpunkte der Filmgeschichte, Paramount-Pictures in Hollywood gab ihm einen großzügigen Vertrag. Nach einem Autounfall starb Murnau in Santa Barbara; Greta Garbo und andere Größen waren beim Begräbnis.

Und weils so gruselig zu Nosferatu passt, noch diese Info: Der Leichnam von Friedrich Murnau wurde nach Berlin überführt. Am 14. Juli 2015 haben Unbekannte die Gruft und den Sarg geöffnet und den Schädel des einbalsamierten Leichnams gestohlen. Einen okkulten Hintergrund schließt die Polizei nicht aus.

Murnau und die Mildtätigkeit

Mitten im Markt Murnau steht seit dem 17. Jahrhundert das kleine Kirchlein Maria Hilf, das auf eine Stiftung der mildtätigen Bierbrauerswitwe Maria Praßler im Jahr 1628 zurückgeht. Ob es Reue und Schuld war oder der Wunsch, in den Himmel statt ins Fegefeuer zu kommen, dass sie die Kirche stiftete, weiß man nicht. Vielleicht wollte Maria Praßler dem Leben einen Sinn und den Menschen Halt geben, nach all dem Niedergang und Morden und Hunger in der Zeit

Kirche Maria Hilf mal kunterbunt: Echte Regenschirme flogen bei einem Kunstprojekt 2019.

nach dem grausamen Dreißigjährigen Krieg.

Beim großen Brand von 1774 wurde die Kirche „gänzlich eingeäschert“, wie ein Zeitzeuge in den Rechnungsbüchern der Kirchenstiftung festhielt. Die Filialkirche Maria Hilf wurde daher von Grund auf neu errichtet. 1906 bis 1909 bekam sie ihre barock anmutende Zwiebelhaube. Dafür kam der Architekt und Gönner Emanuel von Seidl mit seinen Künstlerfreunden höchstselbst auf, als er dem Murnauer Ober- und Untermarkt die bis heute so bunte, fast südliche Anmutung gab.

Murnau in seiner Schönheit

Emanuel von Seidl, Architekt aus München, entdeckte Murnau in den Jahren ab 1891. Der Sommerfrischeort am Staffelsee wurde ihm zur zweiten Heimat, zum „gelobten Land“, wie er es einmal formulierte. Ab 1901 errichtete er sich auf den Südhängen Murnaus mit Blick auf das Moos und die Berge ein Landhaus im Heimatstil und einen Park im englischen Landschaftsstil. Er war Erbauer

An einem künstlichen Weiher: das „Gloriettl" im Seidlpark

von 280 Villen in Bayern, mit Gärten und Parks samt komplettem Interieur. Er hat 1912 testamentarisch den Erhalt des von ihm geschaffenen und später nach ihm benannten Seidlparks für alle Zeiten verfügt. Die Villa gibt es nicht mehr, sie wurde 1972 abgerissen, aber die Anlage im Stil englischer Landschaftsparks konnte dank der engagierten Arbeit des Förderkreises Murnauer Parklandschaft e. V. Stück für Stück wieder entstehen. Wahre Preziosen im Seidlpark sind das 2019 nach dem Original wiedererrichtete sogenannte Gloriettl, das Badehaus Seidls, und der liebevoll restaurierte Eiskeller.

Emanuel von Seidl, 1910

Ludwig der Bayer thront an der Murnauer Rathausfassade

Murnau als Geschenk

Schenkungen vermögender Menschen gab es schon früh. 1332 kaufte Kaiser Ludwig der Bayer dem Augsburger Hochstift den Markt Murnau ab und schenkte diesen mit allen Einwohnern und mit allen Rechten dem von ihm gegründeten Kloster Ettal. An Rathaus und Schloss gibt es Darstellungen des Wittelsbacher Herrschers. Das Murnauer Schloss war lange Zeit Wohnstätte des Ettaler Landrichters, dem Herrn über Leben und Tod. Mit der Säkularisation 1803 brachen die Klöster als Träger von wichtigen Gesellschaftsstrukturen weg. „Verwahrlosung der Jugend griff um sich, uneheliche Kinder, Sittenverfall, die Überhandnahme von Bettelei und Müßiggang“, so entsetzt beschrieben die Chronisten diese Zeit. In der Tat: Sozialreformen waren dringend nötig. Das Murnauer

Spaziergang unter 140 Eichen: Kottenmüllerallee

Schloss wurde eine Mädchenschule, geführt von den Armen Schulschwestern, denn „das weibliche Geschlecht bestimmt die Sittlichkeit“.

Seit genau 30 Jahren beherbergt das Murnauer Schloss nun das Schloßmuseum, ein Kleinod in kommunaler Hand, gefördert und arbeitsteilig unterstützt von drei gemeinnützigen Institutionen: der Privatstiftung Schloßmuseum Murnau, der Stiftung Schloßmuseum Murnau (Stiftung öffentlichen Rechts) und dem Förderkreis Schloßmuseum Murnau e. V.

Murnaus Wege

Auch die Kottmüllerallee hat einen Stifter: den Reichstagsabgeordneten, Bierbrauer und Besitzer der Brauerei Pantl-Bräu Emeran Kottmüller. Er pflanzte in den 1870er-Jahren 140 Stieleichen, die den Weg

James Loeb, 1932

zum Ramsacherkircherl, dem „Ähndl", und ins Murnauer Moos noch heute malerisch säumen. Murnaus Ehrenbürger Kottmüller, Mitbegründer des bis heute aktiven Murnauer Ortsverschönerungsvereins, sorgte während seiner 20 Jahre andauernden Vorstandschaft beispielsweise auch für die Betreuung von Badeanstalten am Staffelsee. Es war die Zeit des aufkommenden „Fremdenverkehrs" im Blauen Land.

Das Speditionsinhaberehepaar Anton und Therese Mayer stiftete 1893 beim Eibel'schen Steinbruch eine Tuffsteingrotte mit Madonnenfigur: die Murnauer Lourdesgrotte (→ siehe auch S. 27). 1910 schenkte die Stifterfamilie die Grotte dem Verschönerungsverein Murnau e. V. mit der Bedingung, diese für immer zu erhalten.

Murnau erinnert

Kriegerdenkmal

Murnau ehrt im Schloßmuseum seinen großen Mäzen James Loeb (→ siehe auch S. 26 und 99ff.), aber auch das Murnauer Kriegerdenkmal ist eine Möglichkeit, sich an ihn zu erinnern. Trotz des aufkeimenden Antisemitismus hat insbesondere James Loeb, selbst jüdischer Abstammung, den Bau dieser Erinnerungsstätte (1923 eingeweiht) für die Gefallenen des Ersten Weltkriegs möglich gemacht – er bezahlte das Ganze. Die antisemitisch eingestellte Obrigkeit war nicht einig, ob man sich das gefallen lassen sollte … Im Sommer 2023 will der Markt Murnau hier am Denkmal eine erläuternde Texttafel aufstellen, die helfen soll, den an der Frontseite prangenden Schriftzug „Unsern Helden" in einen historischen Kontext einzuordnen.

Münter und Kandinsky

Über eine Stiftung, konnte das Œuvre der großen Expressionisten Gabriele Münter, Wassily

Kandinsky und weiterer Vertreter des Blauen Reiter dauerhaft gesichert werden. Die Gabriele Münter- und Johannes Eichner-Stiftung wurde von Münter und Eichner selbst verfügt und 1966 rechtsfähig. Das Lenbachhaus in München und das Münter-Haus in Murnau lassen Besucherinnen und Besuchern Leben und Schaffen der beiden genialen Künstler nachempfinden.

Murnau heute

1996 rief Antonie Zauner eine Stiftung ins Leben, um „vom eigenen Erfolg etwas zurückzugeben". 2012 erwarb die Antonie-Zauner-Stiftung die Villa Reinherz am Rande des Seidlparks. Denkmalgerecht saniert ist sie ein Ort der Begegnung junger Menschen und vieler kultureller Veranstaltungen.
Gelebtes bürgerschaftliches Engagement ist das Murnauer Kinder- und Jugendheim „Erlhaus" – eine Schenkung von Ilse Erl.
Und freilich wird auch im Murnauer Moos mäzenatisches Handeln sichtbar: Der Rosner & Seidl Stiftung ist die Biologische Station zu verdanken – seit 2019 Ausgangspunkt für Naturerlebniswanderungen ins Murnauer Moos. Der Münchner Unternehmerin Ruth Rosner war Naturschutz schon zu Lebzeiten ein großes Herzensanliegen.

Wassily Kandinsky: Gabriele Münter im Freien vor der Staffelei, 1910

Die Alpen im Luftbild
Toni Hiebeler
PASSION
OBERAMMERGAU
SALZ MACHT GESCHICHTE
HE STORY OF ART
KATY
Ann Mbuti
Black Artists Now
Von El Anatsui bis Kara Walker
Gabriele Münter
Kandinsky
Das Leben in Briefen 1889–1944
FRANZ MARC
EXPEDITIONEN IN EINE SCHWINDENDE WELT
BAYERNS ZEITEN
ÜBER BAYERN
ZEIT FÜR KUNST

Guntram Gattner

In Murnau treffen Geist und Natur zusammen

Es ist noch eine richtige Buchhandlung, wie man sie aus früheren Zeiten kennt: Sorgsam ausgewählte Bücher sind ordentlich in den Regalen ausgestellt. Lektüre, Lektüre, Lektüre reiht sich in den Regalen. Wer zum Buchhändler will, um mit ihm zu sprechen, muss erst durch den langgezogenen Laden laufen. Ganz hinten, vor Politik, Philosophie und Geschichte, findet man Guntram Gattner, den Buchhändler. Auch er scheint ein wenig in der Zeit geblieben, in der Bücher noch die Freiheit des Geists fütterten, nicht die Sehnsucht nach heiler Welt betäubten. 8000 Titel hat Guntram Gattner immer vorrätig, der Rest wird von heut auf morgen bestellt. 1973 kam er nach Murnau, als sein Vater durch die Bundeswehr hierher versetzt wurde. Er blieb, weil es für ihn der Ort ist, an dem Geist und Natur sich am schönsten vereinen lassen. Gattner ist noch ein Buchhändler, der seine Bücher liest, bevor er sie empfiehlt. Am liebsten irgendwo draußen, mit Blick in die Weite. „Wir haben hier weite Natur, können den Blick schweifen lassen. Und es ist wunderbar, dann beim Spaziergang, Langlaufen, Wandern die Gedanken zu sortieren", sagt er. Seine liebste Zeit ist der Oktober, der späte Herbst. „Es ist nicht zu heiß, man sitzt noch draußen am Markt, trinkt einen Kaffee und schmökert im Buch." Wobei er am liebsten Politik und Geschichtsbände studiert, aber die schönen Schinken leichter Lektüre gibt es in seiner Buchhandlung natürlich auch. Guntram Gattner lebt seit einem halben Jahrhundert in Murnau, am 2. Februar 2002 eröffnete er mitten in der Fußgängerzone am Obermarkt seine Buchhandlung (→ siehe dazu auch S. 44).

Guntram Gattner findet man ganz einfach in seiner Buchhandlung.

♥ Genuss und Shoppen

Echt und Besonder(e)s kann man in Murnau einkaufen. Das ist nicht nur ein netter Werbeslogan, das ist tatsächlich so. Drum fahren viele Murnauer erst gar nicht weg. Mal nach Garmisch, ab und an nach Weilheim. Aber die Haupteinkaufsstraße ist die Murnauer Marktstraße. Auf den ersten Blick scheint es hinter den bunten Häuserfassaden nur kleine Lädchen zu geben, doch schon der zweite Blick zeigt: Nach hinten geht es weiter – und da tun sich wunderbare neue weite Shopping-Welten auf. Murnau zeigt mehr als schönen Schein. Und vor allem ist es eine Freude, die persönlichen Gespräche und direkte Aufmerksamkeit der Geschäftsleute zu bekommen. Das gibt es in anderen touristenverwöhnten Orten kaum noch. In der Murnauer Marktstraße finden sich keine Franchise-Nehmer oder -Filialisten der globalen Ketten. Die meisten Geschäfte sind in Familienhand und das bei manchem Laden schon in vierter Generation. Die persönliche Verbundenheit, die so entsteht, macht das Einkaufen nicht nur zu einem netten Shopping-Erlebnis, sondern zur echten Freude.

Susanne Bosse Concept Store

Die weite Welt ganz nah, liebevoll präsentiert. Im urbanen Concept Store von Susanne Bosse gibt es nur Ware, bei der sie ganz genau hingesehen hat: nachhaltige Mode und schöne Interior- und Lifestyle-Produkte. Wer es will, kann das auf den Klemmkladden, die mit den Firmenporträts der Lieferanten an der Wand hängen, nachlesen. Susanne Bosse achtet darauf, dass die Produkte regional sind, sagt: „Ich bevorzuge Produktionen in Europa, regional und fair bezahlt, mein Sortiment umfasst alles Schöne für die Seele, alles, was das Leben schöner macht

und mir selbst guttut. Home-Accessoires, Fashion für alle Frauen, Food, Weine, Yoga-Artikel …" Sie nennt das Ganze: urbaner Lebensstil auf dem Land.

Susanne Bosse ist auch Event-Stylistin. Und eigentlich Modedesignerin. Das merkt man bei der Beratung. Und sie bietet im Geschäft auch eigene Kreationen an: Hoodies und Shirts ihrer Eigenmarke „7 Staffelsee Inseln". Die Hoodies und Shirts werden in Europa produziert, in Seevetal von Hand im Siebdruckverfahren bedruckt. Für jedes produzierte Teil spendet sie eine feste Summe an das Frauenhaus in Murnau. „Immer, wenn neue Ware eintrifft, spende ich direkt und unterstütze so notleidende Frauen und Kinder vor Ort." Man kann sich mit ihr auch einfach interessant unterhalten.

Murnau, Obermarkt 5
☏ 08841 6787650
https://susanne-bosse.de

Handelskontor Staffelsee

Ein wenig Understatement klingt im Namen durch. Höchste Ansprüche an Mode lassen sich in diesem Geschäft befriedigen. Seit 1970 gibt es das Haus, das große Labels der Prêt-à-porter-Mode anbietet. Man kann hier einkaufen, sich entspannt zusammenstellen lassen, was in der nächsten Saison angesagt ist, oder sich einfach nur gut beraten lassen. Das Handelskontor ist der Beweis, dass die große Welt auch in Murnau daheim ist. Früher konnte es schon passieren, dass das Haus plötzlich geschlossen war, weil die Scheicha vom Scheich zum Shoppen kam, während der sich im Murnauer Krankenhaus behandeln ließ. Das ist natürlich lange her und eine Anekdote. Aber ein wenig ist es doch ein nettes Gschichterl. Heute hat das Unternehmen dafür vielleicht eigene Räume, man weiß es nicht, das Haus bleibt diskret. Doch inzwischen wurde mehrfach angebaut und das Gebäude reicht bis zum Gabriele-Münter-Platz.

Murnau, Untermarkt 10
☏ 08841 8766
www.handelskontor-staffelsee.de

Markt-Drogerie-Parfümerie Rebholz

Seit über 100 Jahren steht das Erlesene für Schönheit und Wohlbefinden im Mittelpunkt des Unternehmens. Angelika Rebholz führt das Geschäft nun in dritter Generation. Es gibt ausgewählte Parfümerieprodukte, aber auch ganz besondere Marken. Hier nimmt man sich Zeit für eine umfassende Beratung und erklärt die Ingredienzien und Zusammensetzung diverser Cremes und Tigelchen. Bei all der überraschenden Vielfalt, die es in der Parfümerie gibt, ist es doch am erstaunlichsten, die schier bezaubernde Menge geschmackvoller Haarspangen und Haargummis oder Hochsteckklammern zu entdecken. Schon draußen im Schaukasten ist das eine Augenweide für alle, die gerne mal die Haare zurückstecken.

Murnau, Obermarkt 21
☏ 08841 5194
www.parfuemerie-rebholz.de

Blumen Müssig und Obst & Gemüse Müssig

Kein Film über Murnau, kein Bildband oder BR-Bericht kann auskommen ohne die schönen Bilder aus dem Geschäft von Familie Müssig. Und ja, wer jemals einen grauen Tag erlebt, braucht nur an dem Fenster des Blumengeschäfts vorbeigehen und schon ist alles wieder bunt und schön. Schönheit strahlt aus jeder Blüte. Andreas und Beatrix Müssig sind Meisterfloristen und unermüdlich dabei, die Welt mit Blumen zu schmücken. Zudem gibt es Frau Müssigs Angebot an allem, was frisch auf den Tisch kann: Salate, Gemüse, Kräuter, Obst – so weit wie möglich aus regionalem Anbau. Denn nicht alles Obst wächst im Voralpenland. Aber dafür kann man so manches exotische Rezept austauschen, denn Zeit für einen kleinen Ratsch findet sich in dem bezaubernden Laden immer.

Murnau, Untermarkt 11

☏ 08841 3545

www.blumen-muessig.de

Mondlicht

Zauberhaft und wundervoll lässt es sich im „kleinen Laden für Körper und Seele" stöbern. Dabei ist der kleine Laden gar nicht so klein. Es gibt wirklich alles, was der Mensch braucht, womit er für bessere Energie, Vibes und Strömungen sorgen kann. Wertvolle Öle, Düfte und Räucherwerk gibt es, dazu Aura-Soma-Flaschen, Klangschalen, Mineralien, Blüten- und Kräuteressenzen. Ein kleiner Plausch, ein tiefer Blick macht manches verständlicher und bringt enorme Energie und Freude.

Murnau, Untermarkt 40

☏ 08841-402 83

Strickpunkt

Die schönste Wolle im ganzen Land – also weiter als im Blauen Land. Denn wo gibt es schon noch so liebevoll geführte Strickgeschäfte? Karin Leonhard verkauft Wolle, die ist schön und öko. Sie bietet Garne aus recyceltem Material ohne billiges Plastik und sie legt Wert auf lokale Lieferanten. Strickanleitungen gibt es auch – also kein Grund mehr, nicht wieder zur Nadel zu greifen und sich fein einzustricken. Wer Nachschub braucht, kann auch online ordern.

Murnau, Untermarkt 42

☏ 08841 4874597

www.strickpunkt.de

Die Hochzeitskleiderin

Nun ist es nicht gesagt, dass wer hier urlaubt, auch hier heiratet. Wobei, es gäbe natürlich genügend romantische Kirchlein. Aber für einen ganz feinen ewigen Antrag gibt es im Blauen Land perfekte Plätze und sicherlich zauberhafte Momente. Der Traum in Weiß lässt sich dann gleich weiterträumen bei der Hochzeitskleiderin Sina Hoiß. Selten so liebevolle und freundliche und umgängliche Beratung erlebt! Die Kleider kosten hier auch nicht ganze Familienvermögen. Lisa, die letzte der Autorin bekannte zauberhafte Braut, kann das bestätigen …

Murnau, Postgasse 3–5
Terminvereinbarung über die Website
☎ 0170 2020305
www.diehochzeitskleiderin.de

Die Linie

Das Dessous- und Bodywear-Geschäft gehört zu den Top Ten der besten deutschen Wäschefachgeschäften. Allein deshalb lohnt es sich einmal, hier shoppen zu gehen.
Seit 1973 wird im „Die Linie“ Lingerie angeboten. Da gibt es Dessous – für die Dame, nun – eh klar. Aber es gibt sie auch für Herren in erfreulicher Ästhetik. Zudem erwarten den Kunden Bademoden, Nachtwäsche und Homewear sowie eine immens freundliche und vor allem auch fachkundige Beratung. Das Fundament hatte übrigens Ulrike Thoma gelegt, die 48 Jahre lang das Geschäft führte, bevor sie es an ihre Tochter übergab. Die Zukunft für gute Wäsche geht also weiter.

Murnau, Obermarkt 5
☎ 08841 9507
www.die-linie-murnau.de

Buchhandlung Gattner

Vor der Tür steht ein Tischchen mit zwei Stühlen. Denn Lesen ist für den Buchhändler vor allem draußen ein Genuss und die Lage, so zentral in der Fußgängerzone, macht es leicht, das zu tun. Drinnen finden sich rund 8000 Titel, alles andere ist von heute auf morgen bestellbar. In der Buchhandlung Gattner findet man ein breites Sortiment, neben Geschichte und Geschichten zu Murnau gibt es auch Lesungen oder man hilft, antiquarische Schätze zu finden. Besonders schön: Die Buchhändler lesen noch, was sie empfehlen, verkaufen nicht nur Ware, deren Kurzfassung sie auf Kindle gesichtet haben. Jedes Jahr stellen Familie Gattner und ihr Team einen Katalog mit ihren

persönlichen Lesetipps zusammen: unterhaltsame Romane, spannende Krimis, informative Sachbücher, schöne Bildbände, Bücher für Hobby und Freizeit und natürlich Lesetipps für Kinder und Jugendliche. Der Katalog ist ein wunderbares Angebot, sich in der Vielzahl der Neuerscheinungen das Besondere herauszupicken. Und wenn man dann in der Buchhandlung die Lektüre abholt, kann man auch noch mit jemandem darüber reden. Fantastisch!

Murnau, Obermarkt 13
☎ 08841 6763933
www.buchhandlung-gattner.de

Galerie Kistenblick

Dem Fotografen Christian Kolb entgeht nichts, so sagt man. Es liegt vielleicht daran, dass er in seinem ersten Leben Sportfotograf beim FC Bayern war. Da musste er einfach schnell sein.

Hohe Kisten

Schauen Sie besser nur von unten hinauf. Man muss wirklich ein trittsicherer Bergfex sein, um dort gut durchs Kar und über den Grat zu kommen. Die Hohe Kisten liegt nördlich des Hauptgipfels des Estergebirgs und ist 1922 Meter hoch. Der Berg hat zwei Seiten: eine zahmere Südseite und eine felsige Nordseite, die ein wenig einer großen Kiste ähnlich sieht. Von der Weilheimer Hütte aus lässt sich der Grat in einer langen Tagestour überschreiten. Vor 50 Jahren wollten Investoren eine Seilbahn von Eschenlohe aus auf den Gipfel bauen. Der Bund Naturschutz verhinderte dies.

Heute geht er es griabiger an und führt sein Galeriegeschäft, in dem er die schönsten Bilder der Gegend in großformatigen oder solchen Formaten, wie es der Kunde eben wünscht, anbietet. Er nennt die Galerie „Kistenblick“. Das kommt von Blick durch die (Foto-)Kiste und meint auch den Blick auf den Kisten – den Berg, der sich hier im Murnauer Panorama auftut. Christian Kolb lädt auch immer wieder zu Open-Air-Ausstellungen. Was genau an Programm ansteht, erfährt man auf seiner Website. Eine unvergessliche Ausstellung ist die „Haltung“ gewesen. Mit 60 großformatigen Bildern von Kühen, die er auf freiem Feld nahe der Autobahn Richtung Garmisch zeigte, wobei es nicht um deren Stallhaltung, sondern letztlich um die Haltung in der Gesellschaft ging. „Die Viecher scheinen manchmal eine bessere Haltung zu haben als wir Menschen“, sagt Christian Kolb. Er muss es wissen, seit vielen Jahren beobachtet er die Werdenfelser Rinderrasse.

Murnau, Untermarkt 38
☏ 0176 50092954
www.kistenblick-murnau.de

Café Krönner

Es ist *das* Café in Murnau, in dem man einfach einmal gewesen sein sollte. Ein Kaffeehaus mit Tradition im Vintage-Charme. In der üppig gefüllten Kuchentheke finden sich die Klassiker der Tortenhistorie: Prinzregenten-Torte, Agnes-Bernauer-Torte (eine Erfindung der Krönners), Käsesahne, Schwarzwälder Kirsch, Erdbeerkuchen, Zwetschgendatschi. Die Krönners sind eine inzwischen weitverzweigte Konditorenfamilie, die stolz auf eine 260-jährige Handwerkstradition zurückblicken kann. Alle stammen vom bayerischen Lebzelter Johann Baptist Krönner ab, der sich 1759 in Moosburg als Lebzelter, Wachszieher und Metsieder niederließ. An sein Können erinnern der hausgebraute Honigmet und zu Weihnachten die handgefertigten, liebevoll verzierten Lebkuchen. In Murnau führt Barbara Krönner das Café, ihre Söhne haben die Schokoladenmanufaktur (→ siehe unten) und natürlich gibt es im Café auch eine Menge Pralinés und Trüffel und Schokoliertes und Schokoladen.

Murnau, Obermarkt 8
☎ 08841 1272
www.kroenner-murnau.de

Schokoladenmanufaktur

In ihrer gläsernen Manufaktur zeigen die Söhne von Barbara Krönner, wie's geht, feinschmelzende Schokoträume zu gestalten. Mike und Max setzen ganz auf die Qualität der verarbeiteten Rohstoffe und holen ihre Kakaobohnen aus Ghana in Afrika. Sie arbeiten dort mit der ersten und bis heute einzigen Bio-Kakao-Kooperative zusammen, in der fair und nachhaltig gewirtschaftet wird. An sich ist die Schokoladenbranche ja keine, die sich mit Ökoruhm und sozialer Leistung bekleckert … „Muhum" nennen sie ihre Schokolade, die man in der Manufaktur auch verkosten kann. Die beiden Brüder sprühen vor Ideen. Es gibt Kulinariktage und außergewöhnliche Tastings (Whisky und Schokolade), wer will, kann sich für Workshops und Pralinenseminare anmelden. Unbedingt probieren sollte man in jedem Fall die Schokowaffeln mit Kräuterfrischkäse. Umwerfend!

Murnau, Seidlstraße 4
☎ 08841 6273388
www.barbara-kroenner.de

Lesetipp

Walter Poganietz: „Vom Lebzelter zum Chocolatier. Die Handwerksgeschichte der Konditorenfamilie Krönner seit 1759", Murnau 2018. Der Autor erzählt neben der Familiengeschichte auch die Handwerkshistorie der Lebzelter und Wachszieher, der Konditoren und Cafetiers bis heute.

Schlossgarten

Lässig und fein! Ob draußen im Schlossgarten des Schloßmuseums Murnau oder drinnen: Das Restaurant zeigt einfach überall Ambiente. Im alten Gemäuer haben Chrissi und Moritz stylisches Ambiente geschaffen. Man sitzt in Nischen, an langen Holzplatten oder an der Bar. Tagsüber herrscht trotz allen Trubels eher eine ruhige Atmosphäre, am Abend wird man cool und cozy verwöhnt mit moderner Crossover-Küche. Da gibt es eine Glasnudel-Bowl oder gebackenen Glückspilz mit Walnussbrot oder Hippe Zicke – das ist nicht etwa die Beschreibung einer Gästin, sondern meint Ciabatta mit Ziegenkäse, Rucola, Roten Beeten und Birnen-Chutney. Die Wirtin steht auf Gesundes und arbeitet mit regionalen Produzenten zusammen. Die Bewirtung ist auch im größten Stress mit netten Tö-

Weilheim

Apropos: Es gibt auch ein Krönner-Kaffeehaus in Weilheim. Es war einmal Wachszieherei und Konditorei und ist seit 1869 in Familienbesitz. Ein Investor hat 2022 das Anwesen renoviert, in altem Stil wieder hergerichtet – und er wollte die jungen Krönners unbedingt wieder ins Haus holen. Hat funktioniert. Das Anwesen steht genau am Marienplatz, dem zentralen Platz des Orts. Weilheim hat auch einen hübschen Stadtkern mit stattlichen Bürgerhäusern. Die Kreisstadt gehört aber in den Pfaffenwinkel und nicht ins Blaue Land. Etwa 24 000 Menschen leben hier und es lässt sich gut einkaufen.

nen gesichert. Im Sommer kann man hier ewig lang noch an der Südwand sitzen und auf die Berge gucken, im Winter gibts an der alten Schlossmauer einen kleinen Adventsgarten. Zu jeder Jahreszeit: Es macht hier einfach echt Spaß, da zu sein.

Murnau, Schloßhof 5
☎ 08841 4878838
www.schlossgarten-murnau.de

Grissini da Alfredo

Der Italiener um die Ecke, mitten in der Stadt und trotzdem im Grünen. Denn bei Alfredo sitzt man – sobald irgendwie die Sonne rauskommt – draußen auf der Veranda oder inmitten kleiner grüner Gartenecken. Wenn es regnet, kann man es sich im Wintergarten gemütlich machen. Mittags trifft sich hier die Murnauer Geschäftswelt, abends die Murnauer. Und man wird zuvorkommend und freundlich bedient. Alfredo und seine Familie betreiben das Restaurant nun über 30 Jahre. Sie kennen ihre Gäste, erfüllen Sonderwünsche und sonst gibt es alles, was das Herz sich von „seinem Italiener" wünscht. Perfetto!

Murnau, Postgasse 5
☎ 08841 1428
www.grissini-da-alfredo.de

Restaurant Auszeit

Andrea und Ulrich Weisner nennen ihr Lokal „Auszeit", weil sie für die Gäste an der Tür eine Auszeit vom Alltag beginnen lassen wollen. Der Name ist also Programm. Auf der Speisekarte liest man eine schöne mediterran-bayerische Küchenmischung. Da gibt es „Grüße aus dem Friaul" – Salumi- und Käsespezialitäten, die die beiden dort ausgesucht und mitgebracht haben – oder „Alpentapas", also Kleinigkeiten wie von einer bayerischen Brotzeit. Man kann aber auch hausgebeizte Seeforelle vom Walchensee und Fischroulade an Dill-Meerrettich-Gurken haben. Ein Tris vom heimischen Reh – Schnitzel, Gulasch und Nockerl auf Schokoladenpfeffersoße, dazu gebratene Serviettenknödelscheiben und Gemüse ist schon gewichtiger, aber unvergleichlich. „Essen ist ein Stück Lebenskunst", sagt Andy, „und Gesundheit ist auch eine Kunst." Sie ist eine ganz besondere Frau, irgendwie wird das Leben leichter, wenn man mit ihr so einfach nett und unkompliziert ins Gespräch kommt. Sollte man tun, ein Gewinn! Nicht nur das Essen.

Murnau,
Ödön-von-Horvath-Platz 1
(am Kunst- und Kulturpark)
(vormals Kohlgruber Straße 1)
☎ 08841 488790
www.restaurant-auszeit.de

s'Ähndl im Murnauer Moos

Direkt vorm Ramsachkircherl gibt es ein Wirtshaus mit Biergarten – urig unter alten Bäumen, direkt am Murnauer Moos. So schön die Lage, so schwer kann es an einem Sommerabend sein, einen Tisch zu ergattern. Bier der Brauerei Karg gibt es und die Biergartenklassiker. Auch Tatar vom Rind mit Meerretticheis, Krustenbraten vom Wammerl mit Weißkrautsalat und Kartoffelknödl oder Moos Spätzle mit Bergkäse, Schmorzwiebeln und Salat stehen auf der Speisekarte. Geführt wird die Wirtschaft von Thilo Bischoff, einem mit einem Michelin-Stern ausgezeichneten Küchenmeister. Es war ein Paukenschlag, als der Sternekoch vor gut zehn Jahren übernahm. Das Ähndl ist für den Küchenchef das Zentrum seines Herzens. Bodenständig, von guter Qualität, mit sehr freundlichen Mitarbeitern.

Murnauer Moos Gin

Thilo Bischoff ist nicht nur Sternekoch, er ist nun auch unter die Schnapsbrenner gegangen. Sein Murnauer Gin schmeckt nach Apfel, Fichte, Moosbeere – und ist für das Gemüt recht heilsam. Wusste doch schon Queen-Mum! Der Gin ist im Ähndl erhältlich oder auch online bestellbar.

Murnau, Ramsach 2
☎ 08841 5241
https://aehndl.de/

Christian Bär

Ein Licht, als würde der Herrgott ein Fenster öffnen

Christian Bär kennt den Blick aus dem Fenster seines Hotels. Seit Jahrzehnten. Und doch kann er schwärmen wie ein unschuldiger Gast, der zum ersten Mal da ist. „Es gibt Tage, da bleibe ich in der Früh stehen und mach ein Foto", sagt er. „Da wird das Panorama getaucht in blaues Licht. Manchmal entstehen Wolkengebilde, Nebel, auch Regenbogen. Und dann fallen Strahlen durch den Himmel, wia wenn der Herrgott ein Fenster aufmacht!" Das Naturphänomen Licht ist hier im Blauen Land eine selbstverständliche Besonderheit und doch immer wieder ein Wunder. Im Chiemgau oder im Allgäu mag es auch schön sein, da gibts Abendrot und Alpenglühen. „Aber bei uns ist das anders. Wenn tagsüber mal schlechtes Wetter war und es zieht abends wieder auf, dann sinkt die Sonne im Westen unter die Wolkendecke und strahlt von unten die Berge an. Da entstehen Bilder, die kann man gar nicht malen." Es ist für Christian Bär kein Wunder, dass Franz Marc und Wassily Kandinsky das unbedingt probieren wollten. Man muss es einfach selbst gesehen haben. Schuld an dieser Schönheit ist die Natur: Das Panorama, das sich vom Estergebirge bis zu den Ammergauer Alpen vor dem Fenster auftut, gehört zu den Kalkalpen. Dieses Gestein lässt Feuchtigkeit in die Luft diffundieren, gleichzeitig steigt aus dem Moor Feuchtigkeit auf. Es sind quasi Miniwasserperlen, die glänzen und glitzern wie Brillanten und das Licht reflektieren. „Man steht mit offenem Mund da und staunt!"

Christian Bär ist Hotelier, der Alpenhof Murnau ist ein 5-Sterne-Haus. Der gebürtige Murnauer war 20 Jahre weltweit in Hotels tätig. Dann kam er zurück, weil es hier am schönsten ist.

Schlemmen und Schlafen

Hotel Alpenhof Murnau

Es ist das einzige Hotel im Blauen Land, das mit fünf Sternen ausgezeichnet ist. Der Blick kann von hier aus weit schweifen: Man hat keine Dächer und Gebäude vor dem Panorama, das sich vom Ester- übers Werdenfelser Gebirge bis in die Ammergauer Alpen zieht. Vom Garten aus gehts direkt ins Murnauer Moos. Naturnah liegt es und von der Natur inspiriert ist es. Das lässt sich erleben.

Im Garten kann man auch im Winter im Außenpool plantschen, eine eigene Erfahrung, die es wert ist, gemacht zu werden. Der Spa- und Saunabereich innen ist etwas verwinkelt, aber durchaus genussvoll zu „be-chillen". Das Haus selbst hat eine lange Geschichte – die gibt auch Erklärung, warum heute das Hotel so aussieht, wie es aussieht. Denn wer anreist, fühlt sich überrascht. Das Gebäude, ist nur am Haupthaus dreistöckig, ansonsten gibt es nur zwei Geschosse, die Zimmer haben den Blick Richtung Murnauer Moos. Alles zusammen schmiegt sich an den Hang und die Tiefgarage verschwindet im Berg.

Diese Bauweise macht das Haus heute charmant, zeichnet es

gegenüber den üblichen Hotelkomplexen aus. 1967, als es geplant wurde, sollte ein Auto-Motel nach US-amerikanischem Vorbild entstehen. Man glaubte, die Autobahn würde genau durchs Murnauer Moos führen und die GIs und US-Gäste könnten auf dem Weg nach Garmisch-Partenkirchen hier mit ihren Cadillacs abfahren und übernachten. Darum ist auch die Einfahrt so großzügig angelegt. Doch die Autobahn wurde nicht hier, sondern etwas weiter östlich gebaut. Der Bauherr verkaufte an Erivan Haub von Tengelmann. Dieser machte dieses Hotel im Luxussegment daraus. Die Hotelbewertungen auf den einschlägigen Portalen geben zumeist höchste Bewertungen ab. Doch eigentlich ist das kein typisches Check-Booking-Haus. Es pflegt Stammgäste durch sein freundliches Wesen, seine verbindliche Art. Man kommt nicht eben mal eingecheckt vorbei, man kommt an und ist für ein paar Tage daheim, um sich verwöhnen zu lassen und aufzutanken. Wie soll das in Punkten gerankt werden?

Was bei den jungen Gästen zählt, ist – neben dem Almsauna-Dorf – die unbeschwerte, fröhliche Art, am Abend sich an einer der Hütten zu treffen. Da macht man dann ein Feuer an, trinkt ein Glas Tee oder Rotwein, hört einem Gitarren- oder Zitherspieler zu. Man muss sich eben nicht mit Dirndl oder Leinensakko aufstylen, sondern sitzt bequem auf einem Holzbankerl oder im Gras, kommt miteinander ins Gespräch. Das ist heute der Luxus: Sein ohne Müssen. Zuhören, nachsinnen, auftanken. Gemeinsam. Geht hier und macht Freude.

Murnau, Ramsachstraße 8
☏ 08841 4910
www.alpenhof-murnau.com

Griesbräu zu Murnau

Quasi unvermeidlich und ein Muss! Der prächtig hergerichtete Vierkanthof erzählt aus alter Zeit, als die Bierbarone noch Bayern beherrschten. Den Hof gibt es schon seit 1836. Als Bierbraustätte wurde er erstmals 1676 genannt. Familie Gilg besitzt seit 100 Jahren dieses Anwesen. Michael Gilg ist heute der Wirt. Er hat im Jahr 2000 das Bierbrauen wieder angefangen. Neben den Klassikern Hell, Dunkel und Weizen lässt sich der Braumeister immer wieder neue Bierrezepte einfallen, wie den

Murnator, das Drachenblut oder den Märzen.
Die Küche bietet Deftiges – eh klar. Und wenn es amal voll ist, dann rückt man in guter bayerischer Gastlichkeit halt zusammen, ob im historischen Gewölbekeller oder im Biergarten. Wenn jemand übernachten will, kann er das auch gleich: Im Griesbräu bekommt man sehr gute Unterkunft auf 4-Sterne-Niveau. Das Hotel wurde vor Kurzem nach historischem Vorbild renoviert, deshalb zeigt sich die Fassade wieder in ihrem ursprünglichen, überlieferten Grün.

Murnau Obermarkt 37
☎ 08841 1422
www.griesbraeu.de

Hotel Post Murnau

Ein Haus mit Tradition. Bereits König Ludwig II., der bayerische Märchenkönig, hat hier Station gemacht. Doch Könige kamen und gingen, die Familie ist seit 1632 da. Und hat es von Generation zu Generation weitergegeben, gehütet und zukunftsfähig gemacht. Heute sind Wolfgang

und Roswitha Köglmayr die Chefs. Das Haus atmet Tradition, Stil und Komfort. Die Zimmer sind liebevoll traditionell eingerichtet. Es gibt Komfort-, Exklusiv- und Standardzimmer auf 3-Sterne-Niveau. Es gibt keinen Aufzug in dem geschichtsträchtigen Haus. Gute Laune macht das Frühstück, von dem viele schwärmen, die hier übernachtet haben.

Murnau, Obermarkt 1
☎ 08841 48780
www.hotel-post-murnau.de

Zum Beinhofer

Es gehört zu den ältesten Wirtshäusern in Murnau. Wo anno dazumal schon Fuhrwerke ihre wohlverdiente Rast einlegten, gibt es heute ein Wirtshaus, einen hübschen Biergarten und eine nette Pension. Die vier Fremdenzimmer sind neu und schlicht gehalten, alle haben eigene Bäder, nur eines liegt übern Flur. Der Biergarten ist griabig mit seinen alten Bäumen und die Speiskarte bringt Bayern und Südtirol in der Küche zusammen. Alles in allem eine ehrliche Angelegenheit.

Murnau, Seidlstraße 30
☎ 08841 4868086
www.beinhofer-murnau.de

5-Sterne-Ferienwohnung Schellenwies

Der Blick aufs Panorama und das Murnauer Moos ist schon sehr fein! Die Ferienwohnung liegt im Dachgeschoss, hat einen eigenen Zugang und 62 Quadratmeter Platz und ist bis in letzte Detail handverlesen ausgestattet. Ob Weltreisende, Heimatverbundene, Anspruchsvolle, Gesellige, Ruhesuchende, Kulturfreunde, Naturliebhaber und Lebenskünstler, alle sind willkommen und sollen sich wie zu Hause fühlen, sagt die Eigentümerin Kathrin Succow, die selbst einige dieser Facetten in sich trägt. Das Haus war einmal Feriensitz einer baltischen Adligen, die Wert darauf legte, von Ost bis West freien Blick und viel Licht zu haben. Das hat die Gastgeberin bei der liebevollen Renovierung des Hauses berücksichtigt. Die Wohnung hat eine eigene Terrasse. Im Garten lässt es sich angeregt philosophieren und plaudern.

Murnau, Schellenwiesweg 5
☎ 0172 9056230
www.schellenwies.de

Kathrin Succow

Eine Mecklenburgerin im Murnauer Moos

Ich bin der Liebe wegen ins Blaue Land gezogen", scherzt Kathrin Succow. „Der Liebe zur Landschaft wegen!" Aufgewachsen ist sie in Nordostdeutschland. Es sind wohl die Kindheitsbilder in ihrer Seele, die sie so verliebt gemacht haben ins Murnauer Land. Diese hügelige, sanft rollende Ebene, die Moore, die Bäume, die prächtig als Solitäre auf kleinen Anhöhen stehen. Eine typische Endmoränenlandschaft breitet sich vor ihrem Fenster aus. „Die Weichsel-Eiszeit hat meine ostdeutsche Landschaft geprägt, die Würm-Eiszeit meine Wahlheimat", erzählt sie. An der Ostsee, bei Greifswald, habe sie immer das Gefühl, dass sie am Horizont hinten runterfallen könnte, im Blauen Land geben ihr die Berge wie in einem Amphitheater Halt. Ihr Vater, Michael Succow, ist Moorexperte von Weltrang, Ökologe und Naturschützer. Er bekam den Alternativen Nobelpreis. Kathrin Succow leitet heute seine Stiftung. „Hier im Moos haben wir Moore, Niedermoore, Hochmoore und alle anderen Typen von Mooren, die es so gibt. Das ist eine Landschaft voller Schönheit, Vielfältigkeit, die einen Nutzen bringt." Dieser Nutzen ist nicht mehr so wie vor Hunderten von Jahren, als das Heu und die Ausbeutung des Bodens wichtig waren, sondern das Moos ist heute ein Juwel von einem Bioreservat als CO2-Senke und Wasserspeicher, das vor allen Dingen durch seinen Erholungswert, die gute Luft und als intakte Natur unvergleichlich wichtig ist. Nachdem Kathrin Succow das erste und einzige Mal zu Besuch in Murnau war – aus Versehen, weil in München alles ausgebucht war –, verkaufte sie zu Hause alles und zog ins Blaue Land. Es war Liebe auf den ersten Blick!

Kathrin Succow lebt und arbeitet zwischen Staffelsee und Ostsee, bietet in ihrem Haus eine Ferienwohnung. Sie engagiert sich in der Kultur. Auf sie kann man auch im Schloßmuseum Murnau treffen.

Murnauer Moos

Das Murnauer Moos gehört zu den großartigsten Moorlandschaften Europas. Blickt man von Murnau nach Süden, so sieht man das Murnauer Moos vor einer prächtigen Kulisse: Die Alpenkette zieht sich vom Herzogstand und Heimgartenmassiv übers Estergebirge. Man blickt in der Ferne auf das imposante Wettersteingebirge. Etwa 4200 Hektar Land umfasst die berauschend schöne Landschaft. Zwischen den Ortschaften Murnau, Ohlstadt, Eschenlohe, Grafenaschau und dem Staffelsee erstreckt sich das einzigartige Naturschutzgebiet.

Das Murnauer Moos ist ein lebendiges Mosaik aus Groß- und Kleinseggenriedern, kalkreichen Sümpfen und Altwassern, Feucht- und Streuwiesen, aber auch vereinzelten Kalktrockenrasen. Diese Moorlandschaft gehört mit ihrer einzigartigen Artenvielfalt zu den faszinierendsten Wildnisgebieten, wenngleich es präzise ausgedrückt zum großen Teil nur eine „naturnahe Kulturlandschaft“ ist. Doch auf etwa einem Zehntel der Fläche liegen noch intakte Hochmoore mit Mächtigkeiten – so wird die Dicke des Gesteinspakets bezeichnet – bis zu 25 Metern.

Wie das Moor entstand

Am Ende der letzten großen Eiszeit, vor etwa 10 000 bis

15000 Jahren, als die Eismassen schmolzen und die letzten Gletscher sich nach Süden ins Gebirge zurückzogen, entstand hier ein großer See, der durch die Loisach gefüllt und nach Norden entwässert wurde. Im Laufe der folgenden Jahrtausende fiel der südliche Teil trocken und versumpfte, der nördliche Teil verlandete allmählich. Es bildeten sich bis zu 18 Meter, am Südrand sogar 25 Meter mächtige Torfschichten. Der Moosbergsee, in dessen Untergrund man Seeablagerungen fand, ist wohl als Rest dieses nacheiszeitlichen Murnauer Sees zu betrachten.

Köchel und Koppen

Auffallend sind Hügel, die aus der Ebene emporragen: die sogenannten Köchel (hochdeutsch: Kögel). Sie schränken den Blick nach Süden ein. Die Köchel haben lange Zeit als Inseln in dem ehemaligen See aufgeragt. Auf den Köcheln sind auf kleiner Fläche Wälder zu finden, die aus über zehn Laubbaumarten aufgebaut sind, bestehend aus Buche, Esche, Eberesche, Berg- und Spitzahorn, Bergulme, Winterlinde, Hängebirke, Trauben- und Vogelkirsche, Grau- und Schwarzerle. Am Langen Köchel, gibt es weiche Übergänge zu fichtendominierten Sumpfwäldern, die wegen der extremen Nässe kaum noch von Menschen betreten werden können. Im Nordwesten schiebt sich der Lange Filz, ein langgestreckter Moränenrücken, weit in das Moor hinein. Auf ihm breiten sich vier Hochmoore aus: der Fröhler Filz, der Lange Filz, Schwarze Graben Filz und Pauleckfilz. Als dunkle Flecken treten die mit „Mooskoppen" (also Moorkiefern) bewachsenen Hochmoore hervor.

Weite Wasser

Heute zeigen sich in der Weite des Moores kleinere Seen, die in verschiedenen Tönen leuchten, und kleinere Fließgewässer, die sich durch das Moor ziehen. Gespeist werden sie durch unterirdische Gewässer und durch das Wasser der Loisach. 4000 Tierarten soll es in dem Moorgebiet geben. Da ist zum Beispiel die Kreuzotter, die hier auch in ihrer schwarzen Form als „Höllenotter" oder in der braunen Form als „Kupferotter" vorkommt und die es im restlichen Deutschland fast nicht mehr gibt. Auch der Wachtelkönig ist hier noch daheim.

Ein Füllhorn der Natur: Flora und Fauna im Murnauer Moos

Sibirische Schwertlilie

Teichrohrsänger

Höllenotter (auch Bergviper)

Das Gebiet bietet heute 946 Pflanzenarten ein Refugium. Davon stehen 164 auf der Roten Liste, wie die Sibirische Schwertlilie, die Torf-Segge oder die Heidelbeerweide. Auch Reptilien und Amphibien haben hier einen Überlebensraum und gefährdete Vogelarten wie die Bekassine oder der Teichrohrsänger, und es ist das letzte Brutgebiet des Großen Brachvogels. Wiesenbrüter sind ausnahmslos vom Aussterben bedroht. Für ihn wurden in besonders sensiblen Bereichen temporäre Wiesenbrüterschutzzonen eingerichtet.

Wenig Ertrag

In den Mythen und Sagen ist das Moor immer als unheimlicher Ort beschrieben. Gefährliche Untiefen waren eine tödliche Bedrohung. Für die Bauern bedeutete das Moor seit jeher viel Arbeit, wenig Ertrag. Sie beschränkten sich darauf, die weniger nassen Flächen einmal jährlich zu mähen und das magere Heu als Einstreu zu nutzen. Im Lauf der Jahrhunderte entstanden dadurch artenreiche Feuchtwiesen, die das ökologische Portfolio der Gegend eher bereicherten. Im 19. und 20. Jahrhundert griffen dann neue Techniken: Industrieller Torf- und Gesteinsabbau, Entwässerung und Melioration, also Trockenlegung zur Flächengewinnung, setzten dem Murnauer Moos stark zu. 1927 wurde das „Hartsteinwerk Werdenfels" gegründet, das Gestein am Moosberg und am Langen Köchel absprengte und zu Straßen- und Bahnschotter verarbeitete.

Uralte Geschichte

Der Moosberg ist mittlerweile verschwunden, auf ihm waren bis in die 1920er-Jahre Reste einer römischen Siedlung erhalten geblieben. Sie lag wohl an der Via Raetia, der alten Römerstraße, die die deutsche Provinz mit Norditalien verband. Während in ganz Mitteleuropa unzählige Moorlandschaften unwiederbringlich zerstört wurden, ist das Murnauer Moos aber erhalten geblieben.

Das größte Naturschutzprojekt Deutschlands

Das Murnauer Moos vor der Vernichtung zu beschützen, ist freilich nicht einfach gewesen. Viel ist dem Kampf einer Frau zu verdanken. Man nannte Ingeborg Haeckel – nicht sehr freundlich – die „Mooshex". Sie begann bereits nach dem Zweiten Weltkrieg um den Erhalt des Mooses zu ringen. Zusammen mit dem Bund Naturschutz

Übrigens: Das Wort „Moos" bezeichnet im bairischen Dialekt das Moor und nicht die grünen, polsterbildenden Moospflanzen. Das sind Moosbuschen oder Polsterl.

kämpfte sie um behördliche Auflagen für den Tagebau am Langen Köchel und erreichte später als Mitglied des „Gremiums für Umweltschutz“, dass erstmals in Bayern für die geplante Müllverbrennungsanlage in Eschenlohe ein Raumordnungsverfahren stattfand. Auch mit originellen Aktionen öffnete sie den Bürgern die Augen. Wie sich die Abgase der Müllverbrennungsanlage ausbreiten würden, demonstrierte sie bei einer öffentlichen Daxn-Verbrennung: Der Qualm der feuchten Tannenzweige legte sich wie ein Leichentuch über das Moos. Die bereits bestellte Anlage wurde nie gebaut.

In das Murnauer Moos sind von 1992 bis 2016 ca. 18 Millionen Euro an Fördermitteln in den Flächenankauf, die Umsetzung von Maßnahmen und, zu einem geringen Anteil, in die Wiedervernässung investiert worden. Nicht geheilt werden konnten die schweren Beeinträchtigungen des Wasserhaushalts durch den Bau der Autobahn in den 1970er-Jahren und die anschließenden Entwässerungen. Heute sind etwa zwei Drittel der Flächen als Naturschutzgebiet ausgewiesen. Die Biologische Station Murnauer Moos wurde 2019 eröffnet, in einer Ausstellung wird dieser einmalige Lebensraum verständlich gemacht.

(Forschungs-)Interessierte werden hier noch fündig:

➔ Informationsschriften der Biologischen Station Murnauer Moos, auch zur Ausstellung:
Murnau, Ramsachstraße 15
Öffnungszeiten:
Die Ausstellung ist täglich geöffnet
1. April bis 31. Oktober, 8–20 Uhr,
1. November bis 31. März,
8–17 Uhr
www.murnauermoos.de

➔ Geiersberger, Ingrid: „Das Murnauer Moos“, in: „Markt Murnau am Staffelsee“, Beiträge zur Geschichte, Band 1, herausgegeben vom Markt Murnau, Murnau 2002, S. 26–56.

➔ Bund Naturschutz in Bayern: Erfolge und Niederlagen. Murnauer Moos: Vom Rohstofflager zum Musterprojekt.
www.bund-naturschutz.de
ueber-uns erfolge-niederlagen
murnauer-moos

➔ www.dasblaueland.de/
murnauermoos

Lesetipp

Wer sich mehr fundiertes Wissen erlesen möchte: In „Das Murnauer Moos“ (München 2018) hat Autor Peter Strohwasser 2000 Jahre Nutzungsgeschichte und 100 Jahre Naturschutz im größten lebenden Moor des Alpenraums aufbereitet. Höchst spannend und mit viel Sachverstand geschrieben.

Die Pionierin

Dr. Ingeborg Haeckel (1903–1994) war eine Pionierin der Umweltbildung und Kämpferin für das Murnauer Moos – und das mit Leidenschaft. Nach ihrem Abitur studierte sie in Jena und München Botanik, Zoologie und Geologie, promovierte anschließend in München. Sie war die Enkelin des berühmten Naturforschers Ernst Haeckel, der den Begriff „Ökologie“ geprägt hatte. Ihr Traum war es, auf Expeditionen zu gehen, doch der Krieg zwang sie in ein anderes Leben. 1939 wurde sie Lehrerin an der Höheren Mädchenschule in Murnau. „Man darf einfach nicht nachlassen und sich nicht darauf einlassen, dass etwas hoffnungslos wäre“, sagte sie. Sie ließ nicht nach. Sie bekam Verdienstorden und Preise. Kurz vor ihrem Tod erlebte sie noch, dass das größte „Naturschutzprojekt Deutschlands“ gestartet wurde. Am Steinbruchsee erinnert ein Gedenkstein an die Umweltpionierin.

Der Moos-Rundweg

Schwierigkeit: kaum Anstiege
Länge: 12 Kilometer
Gehzeit: 3 bis 4 Stunden
Einkehr: Getränke und Brotzeit mitnehmen

Vom Wanderparkplatz Ramsachstraße führt die Straße am Ramsachkircherl vorbei. Hier biegt man links ab und überquert die Ramsach. Gleich nach der Bücke geht es rechts weiter. Ja – für Faultiere ist es bereits hier möglich, wieder zurück zum Ähndl zu schleichen. Moorwanderer bleiben aber auf dem großen Rundweg und gehen südwestlich weiter. Der Blick ist frei auf das Estergebirge, es gibt wunderbare Aussichten auf das Wettersteingebirge. Nach etwa 1¼ Stunden kommt man zu einer weiteren Brücke, an der man rechts abbiegt und in einem leichten Anstieg auf ein Waldstück zugeht. Wenig später kommt man an eine Weggabelung. Der linke Weg ist für Radfahrer und Reiter gesperrt, den sollte man nehmen. Kurz darauf erreicht man eine Lichtung, hier rechts halten und zum Beginn des Bohlenwegs gehen. Der Pfad führt schließlich zum Holzsteg, der über das sumpfige Terrain der Langen Filze leitet. Zuerst geht es durch einen stärker entwässerten Moorwald mit Bergkiefern, Heidelbeeren und Rauschbeeren. Im zentralen, nassen Bereich wächst nur wenig Gehölz, dafür gedeihen hier typische Hochmoorpflanzen wie Rosmarinheide, Rote Torfmoose oder Sonnentau. Man kommt an einem Unterstand vorbei und landet im Wald. Der Bohlenweg endet dort und führt in einer Rechtskurve zu einigen Hütten. Bei diesen angekommen. wendet man sich auf dem Weg nach links, er führt in nordwestlicher Richtung aus dem Wald hinaus. Dann erreicht man Westried. Wer nicht mehr mag, steigt hier in Bus oder Bahn. Wer noch kann, der folgt dem Weg nach Moosrain und dann dem Weg zurück zum Parkplatz an der Ramsachstraße. Es empfiehlt sich, eine Karte zur Hand zu haben, die die verwinkelten Wege aufzeigt. Auch ein Bestimmungsbuch für die seltenen Pflanzen ist nützlich.

Ein schöner Platz ist auch der Drachenstich mit seinem Wasserfall. Anfang des 20. Jahrhunderts war er ein beliebter Austragungsort für romantische Sing- und Theaterspiele.

Auch ein hübscher Weg ist der zum Asampunkt. Dies ist ein Aussichtspunkt, von dem aus es möglich ist, die Türme der Kirchen am Ähndl in Murnau, in Weichs und in Ohlstadt sowie das Gipfelkreuz des Rauhecks in einer exakten Linie zu sehen. Diese Sichtachse ist ein extrem seltenes Phänomen. Der Physiker Dr. Peter-Michael Asam hat diese Entdeckung schon als Kind mit seinem Urgroßvater gemacht. Als er Geld für die Jugendarbeit mit behinderten Kindern auftreiben wollte, hat er jeweils am Rauheck und am Ähndl einen Sichtpunkt markieren lassen und sammelt so Spendengelder.

Es empfiehlt sich, eine Tour mit einem Guide zu unternehmen. Traudl und Stefan Bergmeister können die sensible Landschaftsstruktur einfühlsam und authentisch mit „Geschichte und Geschichten" nahebringen. Von „Bulten, Drischen und Köchel" spricht Dr. Helmut Hermann, Diplombiologe, und eine „Leichte Mooswanderung" kann man mit Reinhard Klein machen. Es gibt natürlich noch andere Gästeführer, doch die genannten sind zertifiziert und dem Naturschutz-Code im Blauen Land verpflichtet.

Weils notwendig ist: Hinweise zum korrekten Verhalten

Wenn die Natur geschützt werden soll, liegt es an allen einzeln, nicht an all den anderen. Also bitte Folgendes beachten:

➔ Auf den Wegen bleiben! Tiere reagieren empfindlich auf ungewohnte Störungen. Und so sehr sich Wanderer leichtfüßig zu bewegen glauben: Beim Querfeldeingehen und auf Trampelpfaden werden gefährdete Pflanzen zertreten. Brauchts das?

➔ Hunde an die Leine! Wiesenbrütende Vögel scheuchen auf und verlassen ihre Gelege. Die Brut ist nicht mehr gesichert.

➔ Blumenpflücken geht vielleicht auf de schwäb'schen Eisebahne, aber nicht hier! Es gibt hochgradig gefährdete Arten, die ihren häufiger vorkommenden Artgenossen ähneln. Und was soll das überhaupt – bis der Wanderer wieder ans Auto und an Wasser kommt, ist eh alles welk!

➔ Folgen Sie den Aufforderungen der Naturschutzwacht – es gibt eine Naturschutzgebietsverordnung! Das macht Sinn, sie für voll zu nehmen. Sie gilt für jeden. Auch für die, die nicht meinen, dass überhaupt etwas für sie gilt.

Murnau und seine Geschichte

Die Vor- und Frühgeschichte

Zu den ältesten Belegen menschlicher Tätigkeit gehört eine Steinaxt, die bei Bauarbeiten in Seehausen am Staffelsee gefunden wurde. Sie dürfte wohl aus dem 4. Jahrtausend v. Chr. stammen. 1962 wurde bei einem Tauchgang im Staffelsee ein Vollgriffschwert geborgen. Es wird der Bronzezeit zugerechnet.

Als die Römer kamen

Mit der Eroberung des Voralpenlandes durch Tiberius und Drusus um 15 v. Chr. kommen die Römer ins Blaue Land. Reste der Römerstraße sind noch am östlichen Seeufer des Staffelsees auszumachen. Auf dem Moosberg, einer Erhebung im Murnauer Moos, die dem Steinbruch zum Opfer gefallen ist, dürfte es eine spätrömische Siedlung gegeben haben. Auch auf der Insel Wörth fanden sich spätrömische Mauerreste.

Unter den Agilolfingern

In der frühmittelalterlichen Zeit gab es wohl Siedlungen, darauf weisen einzelne Gegenstände hin, die man ins späte 7. Jahrhundert datiert. Es handelt sich um eine bronzene Sacknadel, die bei Seehausen gefunden wurde. Sie wurde der archäologischen Sammlung in München zugeführt.

Licht im Dunkel

Ein Akt der Bürokratie war es, als Murnau um 1150 erstmals erwähnt wird. Ein Bewohner „de Murnowe“ muss seine Abgaben an das Kloster Schäftlarn zahlen. Es folgen verschiedene Besitzverhältnisse und es gibt Überschneidungen unterschiedlicher Herrschaftsansprüche über Murnau. Wichtig wird der

Kupferstich von Michael Wening, 1701

Bischof von Augsburg, der wohl seine Ansprüche hier geltend machte. 100 Jahre lang erwähnen die Augsburger Murnau in ihren Annalen, weil es da ein Hospital geben soll, direkt an einer gut begangenen Fernstraße. Erst als 1332 Ludwig der Bayer auftritt, den Markt dem Bischof für 1200 Augsburger Pfennige abkauft und den Ort ans Kloster Ettal überträgt, wird eine konstante Macht etabliert.

Die Burg und das Gericht

Die Burg entsteht mit einem Wohnturm, im Bereich des Klostergerichts Ettal übernimmt der Ettaler Pfleger, also der oberste Verwaltungsbeamte, eine zentrale Rolle. Und der sitzt in Murnau auf der Burg. Wie ein roter Faden zogen sich die Streitigkeiten mit Ettal durch die Geschichte Murnaus. Murnau hatte offenbar Rechte, die es von Ludwig dem Bayern direkt erhalten hatte. Damit argumentierten die Bürger von Murnau gegen Entscheidungen durch den Abt von Ettal. 470 Jahre lang ging das wohl so. Denn die Herrschaft Kloster Ettals über Murnau endete erst im Jahr 1803 mit der Säkularisation. Das Schloss wurde versteigert und im Südflügel brachte der Markt eine Schule unter.

Murnau unterm König

Als Bayern 1806 zum Königreich proklamiert wurde, änderte sich vieles. Der Marktmagistrat trat drei Jahre später seine Rechte an das Landgericht Weilheim ab. Ein Grund dafür war wohl die katastrophale Haushaltslage nach den Napoleonischen Kriegen und dem Tiroler Aufstand unter Andreas Hofer (1767–1810) gegen die Bayern. Das Blaue Land war Durchzugsgebiet unterschiedlichster Truppen und marodierender Heere. Murnau verlor an Bedeutung, denn auch nach jahrzehntelangem Streit mit der bayerischen Verwaltung wurde keine selbstständige Verwaltung etabliert, sondern man gehörte zum Verwaltungssitz Weilheim. Und auch in den Kriegen, an denen bayerische Soldaten in den Folgejahren teilnehmen mussten, wird immer wieder von den schweren Verlusten berichtet.

Blüte und Aufschwung

Die späten 1880er-Jahre, die sogenannte Prinzregentenzeit, wird oft als die „gute alte Zeit“ beschrieben. Das ist freilich nicht so, denn es gab Zensur, Nationalismus und Reformstau. Aber die Wirtschaft wurde angekurbelt,

Der Markt Murnau auf einer Ansichtskarte, um 1900

die Bierbrauer sorgten für enormen Umsatz, eine neue Eisenbahnstrecke verband Weilheim mit Garmisch-Partenkirchen, die wohlhabenden Münchner bauten sich ihre Sommerhäuser und die Ausflügler entdeckten die Schönheit der Murnauer Region. Die Kreativen unter ihnen blieben, erfanden den Expressionismus und machten daraus das Blaue Land.

Kriegszeiten

Mit dem Ersten Weltkrieg brach wieder alles zusammen und auch die Zeit bis zum Zweiten Weltkrieg war vor allem eine trügerische Idylle. Das Blaue Land mutierte zum Braunen Land (→ siehe S. 74ff.). Mit dem Einmarsch der Amerikaner am 29. April 1945, nachmittags 15.30 Uhr, endete für Murnau die nationalsozialistische Herrschaft.

Christoph Probst

(1919–1943)

Er war einer der Widerstandskämpfer und Mitglied der „Weißen Rose" während der NS-Zeit. Christoph Probst wurde in Murnau im Haus Kohlgruber Straße 20 geboren. Eine Gedenktafel am Haus erinnert an sein Schicksal. Sein Vater war Chemiker und Sanskrit-Gelehrter, was schon andeutet, wie anders er erzogen wurde. Viele geistige Strömungen wirkten auf ihn ein und formten ein offenes, humanistisches Weltbild. „Ich halte das nicht mehr aus! Wenn niemand etwas tut, tu ich was!", wird er zitiert, als 1942 die systematische Ermordung von Juden, Kriegsgefangenen, Kranken und allen, die das nationalsozialistische Regime als missliebige Personen ansah, bekannt wurden. Da er bereits mit 23 Jahren verheiratet und Vater von drei Kindern war, wollten ihn die anderen Mitglieder der Weißen Rose nach ihrer Festnahme schützen. Doch die Gestapo holte ihn aus Innsbruck, wo er an der Universität Medizin studierte, und brachte ihn nach München-Stadelheim. Er trug ein Flugblatt in der Tasche, das er nach Stalingrad formuliert hatte – Beweis genug, um ihn zu ermorden. Er wurde zusammen mit Hans und Sophie Scholl am 22. Februar 1943 zum Tod verurteilt und noch am selben Tag enthauptet.

Neben der Gedenktafel am Geburtshaus gibt es in Murnau eine Gedenkstele am Staffelsee-Gymnasium und ein Denkmal an der Mittelschule, die heute seinen Namen trägt.

IN DIESEM HAUS
WURDE AM 6.NOV.1919
CHRISTOPH PROBST
WIDERSTANDSKÄMPFER
MITGLIED DER WEISSEN
ROSE, GEBOREN.
ER WURDE AM 22. FEB.
1943 IN MÜNCHEN VON
DEN NAZIS ERMORDET.

extra

Murnau während der NS-Zeit

Murnau an Fronleichnam, 1933

2016 gab der Markt Murnau eine Studie zur Erforschung der politischen und gesellschaftlichen Geschichte Murnaus zwischen 1919 und den 1950er-Jahren in Auftrag.

Zu Beginn des 20. Jahrhunderts war Murnau ein kleiner Ort im Oberland wie viele andere. Politik, aber auch wirtschaftlicher und gesellschaftlicher Fortschritt spielten sich anderswo ab, der Markt am Rand der Alpen führte ein beschauliches Dasein, bis Weltkrieg, Revolution und Reaktion auch Murnau erreichten. In Murnau komprimierte sich deutsche Geschichte der ersten Hälfte des 20. Jahrhunderts wie in einem Brennglas: Hier wohnten der nationalsozialistische Wirtschaftstheoretiker und frühe Förderer Hitlers Gottfried Feder, der spätere Präsident des Jüdischen Weltkongresses Nahum Goldmann, der amerikanisch-jüdische Mäzen James Loeb, die Malerin Gabriele Münter und der Schriftsteller Ödön von Horváth, der Widerstandskämpfer Christoph Probst wurde hier geboren. Adolf Hitler, aber auch Heinrich Himmler und Julius Streicher machten in Murnau Station.

Vom Freikorps Werdenfels (hier im Münchner Quartier, Anfang Mai 1919) führt eine Traditionslinie zum Bund Oberland.

Der verlorene Erste Weltkrieg war für viele Deutsche ein vernichtender Schlag, verhieß die militärischen Führung doch stets einen baldigen Sieg. Das Ende der Monarchie und die Ausrufung der Republik blieben mit der Demütigung der Niederlage verknüpft.

Für Murnau brachen bewegte Zeiten an: Revolution, und Ausrufung der Republik in München wirkte sich auch im Umland aus. Mit einer Einwohnerwehr wollten sich die Murnauer gegen revolutionäre Bestrebungen zur Wehr setzen und Angehörige des Bundes Oberland beteiligten sich schließlich am 9. November 1923 am Hitler-Putsch in München. Seit den späten 1920er-Jahren betrachteten die völkischen Gruppierungen und NSDAP-Angehörigen Murnau als ihre Hochburg, die sie gegen politische Gegner verteidigten – notfalls mit Gewalt wie in der Murnauer Saalschlacht 1931.

Die Stilisierung als nationalsozialistischer Mittelpunkt des Oberlands blieb aber im Wesentlichen Propaganda. Nach der Machtübernahme am 30. Januar 1933 und dem Ende der parlamentarischen Demokratie diente Murnau als Kulisse für nationalsozialistische Inszenierungen wie etwa das Hochlandlager 1934 oder die Feier zum 600-jährigen Bestehen des

Appell der Hitler-Jugend in Murnau, 1934

Marktes vom 31. August bis 10. September 1935.

Der Bau zweier Kasernen 1938 war schon der Vorbote für den nächsten Krieg, in dem wie im Ersten Weltkrieg viele junge Murnauer Männer fielen. Ausgebombte, Evakuierte und Flüchtlinge benötigten im Krieg alle Zimmer in Hotels und Gaststätten, die früher Touristen beherbergt hatten. Nach dem Ende des Zweiten Weltkriegs war Murnau ein Vielvölkerort, wo amerikanische Besatzer, befreite Zwangsarbeiter und KZ-Häftlinge, Flüchtlinge und Einheimische in teils drangvoller Enge lebten.

Textquelle: „Es kommen kalte Zeiten". Murnau 1919–1950, Sonderausstellung im Schloßmuseum, Murnau 2020.

Ansichtskarte des Murnauer Malers Hans Stubenrauch, 1935

Aufschwung nach der Währungsreform 1948

Die Nachkriegsgeschichte verlief in Murnau ähnlich wie anderswo in Deutschland: Nach der irrsinnigen Zerstörung wurde wiederaufgebaut. Die Gründung der Berufsgenossenschaftlichen Unfallklinik 1953 prägt Murnau bis heute, ebenso der Autobahnbau der A 95 nach Garmisch-Partenkirchen. 1954 wurde ein Goethe-Institut eröffnet – das zweite in der Bundesrepublik überhaupt. Noch 2004 feierte man groß das 50-jährige Jubiläum der Sprachenschule, zwei Jahre danach wurde sie geschlossen.

Selbstbewusst und zukunftssicher

Bei der Gebietsreform 1972 orientierten die Murnauer sich Richtung Garmisch-Partenkirchen. 1980 wurden erste Teile des Murnauer Mooses Naturschutzgebiet. Seit 1993 steht das Schloss als Museum für die Öffentlichkeit zur Verfügung, seit 1999 das Münter-Haus. Nach der Wiedervereinigung 1990 zog die Bundeswehr weitgehend aus Murnau ab. Aus der Kemmel-Kaserne wurde ein Wohn- und Gewerbegebiet. Die Werdenfelser Kaserne, die von 1939 bis 1945 der Wehrmacht

Münter-Haus, 2023

als Kriegsgefangenenlager für polnische Offiziere und Generäle diente, besteht weiterhin. Heute ist hier das Informationstechnikbataillon 293 der Bundeswehr stationiert. Als Bestandteil des seit Mitte 2017 neu aufgestellten militärischen Organisationsbereichs Cyber- und Informationsraum (CIR) hat das Bataillon die Aufgabe, sichere und verschlüsselte Datenverbindungen innerhalb der Einsatzgebiete der Bundeswehr und nach Deutschland, herzustellen.

Dass die Marktgemeinde Murnau 2016 ihre Geschichte in der NS-Zeit wissenschaftlich aufarbeiten ließ, hat Leuchtturmcharakter im Vergleich zu anderen ehedem braunen Destinationen am Alpenrand. Murnau ist das Herz im Blauen Land.

Elisabeth Tworek

Von der Größe im Blauen Land

Wer durch Murnaus Straßen geht, trifft unweigerlich auf Spuren von Ödön von Horváth, oder, wie im Schloßmuseum, auf den Horváth-Raum. Heute erinnert man ganz selbstverständlich an den großen Schriftsteller, der in der NS-Zeit wegen seiner Werke von seinem Wohnort verwiesen wurde. Horváth war lange ein ungeliebter Literat, von dem man nicht gerne sprach.

Elisabeth Tworek ist vielen in Murnau als engagierte Bürgerin im Kulturbereich bekannt. Nur wenige wissen aber zuzuordnen, dass sie es war, die als junge, angehende Wissenschaftlerin die notwendigen Debatten zu Ödön von Horváth anstieß und dass sie schon ab 1978 systematisch zu ihm forschte. Ihrer Arbeit ist es zu verdanken, dass man heute weiß, wie sich im Œuvre Horváths sein Leben und seine Verbindung zu Murnau spiegeln. Die Werke des Wahlmurnauers sind aber auch entlarvend für das Verhalten von Menschen am Vorabend der NS-Zeit. Elisabeth Tworek war es, die sich später beim Markt Murnau dafür stark machte, dass sich das Blaue Land mit seiner braunen Vergangenheit auseinandersetzen sollte. Inzwischen ist das vorbildlich erfolgt – im Vergleich zu so manch anderer Destination am Alpenrand!

Ihre Liebe zu Oberbayern und zur Literatur zeigt sich bei ihr auch in einer Vielzahl von Hörfunkbeiträgen und Büchern zu Land, Landschaft und Leuten. „Ich bin hier geboren und lebe hier. Ich mag die atemberaubende Hochgebirgskulisse; aber durch das Murnauer Moos bleiben die Berge auf Distanz“, erzählt sie. „Murnaus Wurzeln liegen an alten Handelsstraßen, die den kulturellen Austausch brachten. Es ist ein kultureller Ort, der Musiker, Maler und Literaten aus der ganzen Welt anlockte. Sie fanden hier das Ambiente für ihr kreatives Schaffen, das uns auch in heutiger Zeit noch nährt.“

Elisabeth Tworek leitete in ihrem Arbeitsleben die Monacensia, das literarische Gedächtnis der Stadt München und die Kulturabteilung des Bezirks Oberbayern. Sie sitzt gerne im Café Krönner und im Restaurant Da Noi.

Murnau und die Literatur

Ödön von Horváth (1901–1938)

Als in Murnau bekannt wurde, dass Horváth die Verhältnisse des „schmucken Marktes“ literarisch verarbeitete, regte sich bei vielen Bürgern Skepsis gegenüber dem Schriftsteller. Dass er angeblich nur Schlechtes gesagt habe, hat sich fast ein Jahrhundert nach seinem Tod durch fundierte wissenschaftliche Forschungen relativiert. Ödön von Horváth sah seine Geschichten im Biergarten, in Hotels, im Bauerntheater, beobachtete die Menschen und spürte ihren Ängsten nach. Dabei nahm der Autor Murnau nur als Modell, um kleinbürgerliches Leben darzustellen. Er stellte keine Persönlichkeiten bloß oder diffamierte sie. „Das wäre ja furchtbar billig“, schrieb er einmal. Ärger konnte er sich damit trotzdem nicht ersparen. Zusammen mit Gabriele Münter und Wassily Kandinsky könnte er als einer der größten, wenn nicht der größte Wahlmurnauer bezeichnet werden. Ein Weltbürger. Sein Werk hat es heute auf alle großen Bühnen geschafft.

Ödön von Horváth, 1930er-Jahre

Der Schriftsteller und Bühnenautor wurde in Österreich-Ungarn geboren, hatte nach dem Zerfall des Habsburger Reichs die ungarische Staatsbürgerschaft. Seine im Rathaus Murnau 1927 beantragte Einbürgerung schlug fehl. „Meine Muttersprache ist die deutsche“, sagte er in einem Interview im Radio 1932. Als Sohn eines Diplomaten wurde er kosmopolitisch erzogen. Während die Eltern in München lebten, verbrachte er seine Schulzeit mehrere Jahre in einem Internat in Budapest, später wurde er privat in Pressburg und Wien unterrichtet. Im Sommer 1920 kommen die von Horváths das erste Mal nach Murnau auf Sommerfrische. 1924 baut die Familie ein Haus in der Bahnhofstraße. Murnau bleibt bis 1934 Horváths Lebensmittelpunkt. Die wiederholte Bedrohung der Familie durch örtliche Nationalsozialisten verleidet Horváth allerdings den Ort.

Horváth führt sich im deutschsprachigen Theater ein, als am 4. November 1927 an den Hamburger Kammerspielen sein Erstlingswerk „Revolte auf Côte 3018“, das den Bau der Tiroler Zugspitzbahn behandelt, uraufgeführt wird. Später lief das Stück unter dem Titel „Die Bergbahn“. Es hat „den Kampf zwischen Kapital und Arbeitskraft, mit besonderer Berücksichtigung der Stellung der sogenannten Intelligenz im Produktionsprozess“, zum Inhalt, so beschreibt es Horváth selbst. Er zeigt die Schattenseiten auf, wie durch Ehrgeiz, Macht und Geldgier Menschen und Natur ausgebeutet werden. Zwei Quellen fließen in dieses frühe Werk Horváths ein: zum einen das alte Volkstheater, zum anderen die neue literarische Bewegung des Expressionismus.

Bekannt wird der Autor später durch Stücke wie „Geschichten aus dem Wiener Wald“, „Glaube, Liebe, Hoffnung“ oder „Kasimir und Karoline“. Auch seine Romane „Der ewige Spießer“, „Jugend ohne Gott“ oder „Ein Kind unserer Zeit“ verarbeiten sozialpolitische Stoffe. Horváths Werke werden vielfach verfilmt. In „Geschichten aus Hollywood“ spielt Jeremy Irons den Autor Ödön von Horváth, der im Film 1938 in die USA emigriert. Im echten Leben flieht Ödön von Horváth aus Wien durch halb Europa vor den Nationalsozialisten nach Paris. Am 1. Juni 1938 wird er dort auf der Champs Élysées bei einem Gewitter von einem herabstürzenden Ast erschlagen. Viele der in Paris lebenden Exilautoren geleiten ihn zur letzten Ruhe auf dem Friedhof Saint-Ouen bei Paris. 1988 überführte man seine Gebeine ins Familiengrab nach Wien in den Friedhof Heiligenstadt.

Ödön von Horváths Romane wurden in den Kanon der Schullektüre aufgenommen, er gilt als sozialkritischer Klassiker der Moderne. Bis heute sind seine Theaterwerke viel gespielt. Der Sänger Udo Lindenberg macht einen Satz aus Horváths Komödie „Zur schönen Aussicht“ in seinem Song „Ganz anders“ zum Ohrwurm: „Ich bin eigentlich ganz anders, aber ich komme so selten dazu."

In Murnau hat sich 2003 die Ödön-von-Horváth-Gesellschaft gegründet – angeblich genau unter der Skulptur „Horváth-Hut" (→ siehe auch S. 27). Unter ihrer Regie finden alle drei Jahre die „Murnauer Horváth-Tage" statt, ein Kulturfestival mit Lesungen, Symposien und Ausstellungen, aber auch Theaterinszenierungen und Uraufführungen.

Seit 2013 wird auch der Ödön-von-Horváth-Preis verliehen. Der österreichische Dramatiker Felix Mitterer, dessen sozialkritisches Werk heute durchaus in der Nachfolge von Horváth gesehen werden kann, war der erste Preisträger.

www.horvath-gesellschaft.de

Das Schloßmuseum Murnau hat dem Leben und Werk Ödön von Horváths – als einzige öffentlich gezeigte Dokumentation – eine Dauerausstellung gewidmet. Vor einer Wirtshauskulisse kann man den Szenen, Bild- und Textausschnitten aus den Werken des Schriftstellers lauschen, die er in seinen Murnauer Jahren schrieb. Das waren zum Beispiel seine Theaterstücke „Zur schönen Aussicht" (1927) und „Italienische Nacht" (1931). Hier begann er auch mit Vorarbeiten zu seinem Roman „Jugend ohne Gott" (1937).

2018 benannte die Marktgemeinde Murnau den Platz vor dem Kultur- und Tagungszentrum um und widmete ihn dem Schriftsteller.

Der Horváth-Raum im Schloßmuseum Murnau

Horváth-Rundweg in Murnau
Spaziergang: gemütlich
Gehzeit: 90 Minuten (jederzeit verkürzbar)
Einkehr: am liebsten am Ende im Schlossgarten

„Ich denke viel an Murnau – an Euch, an den Schnee, an das Land", schrieb der Dichter einmal. Er hing sehr an diesem Landstrich und dem Ort, von dem er durch die Nationalsozialisten vertrieben wurde. Am Murnauer Bahnhof begannen und endeten viele seiner Reisen. Murnau war ein Bahnknotenpunkt, wichtige Strecke gen Süden auf der Bahn Weilheim–Garmisch-Partenkirchen. In seiner Zeit musste ein Autor noch nach Berlin oder München persönlich in die großen Redaktionen reisen, um seine Werke verlegen zu lassen. Andersrum aber kamen auch viele Freunde wie etwa Carl Zuckmayer, Klaus Mann oder Francesco von Mendelssohn, die ihn besuchten, hier am Murnauer Bahnhof an.

Das Wohnhaus der Horváths stand in der Bahnhofstraße 19, heute erinnert nur noch der Name auf einer kleinen Gedenktafel vor dem Geschäftshaus an die ehemalige Horváth-Villa. Direkter Nachbar war der Architekt und Marktbaumeisters Josef Riedl. Die beiden Familie lebten in guter Nachbarschaft miteinander. Als der Schriftsteller nach einer Hausdurchsuchung durch die einheimischen Nationalsozialisten nicht mehr in sein Elternhaus konnte, hielt er sich im Dachgeschoss des Riedl'schen Hauses auf. Hier stellte er noch Material für seinen Roman „Jugend ohne Gott" zusammen. Das Buch wurde – 1937 in Amsterdam im Exilverlag erschienen – ein großer Erfolg und innerhalb kürzester Zeit in acht Sprachen übersetzt.

Der mit zwölf Tafeln ausgewiesene Horváth-Rundweg startet am Rathaus, Untermarkt 13, unter dem Motto „Werte und Gewissen". Am Hotel Post geht es an der Station 2 „himmelwärts" um „Fantasie und Wirklichkeit". Die Tafeln führen weiter am König-Ludwig-Denkmal (Kohlgruber Straße) und am „Horváth-Hut" im Kulturpark vorbei, bis zum Schloßmuseum Murnau, wo eine Dauerausstellung an den großen Schriftsteller erinnert. Auf dem Weg trifft man auch auf das ehemalige „Gast & Weinhaus Gg. Kirchmeir" in der Schloßbergstraße 1 am Unter-

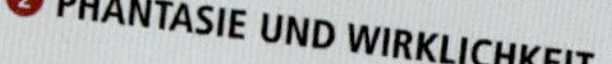

markt. Es ist die Lieblingsgaststätte des Schriftstellers gewesen, wo er auch am Stammtisch gern gesehen war. Hier inspirierten in viele Gespräche zu seinem berühmten Roman „Jugend ohne Gott“, in dem er die Verführung junger Menschen durch die braune Propaganda aufzeigte, das Hochlandlager der Hitlerjugend von 1934 in der Nähe von Murnau schilderte und der Hauptfigur des Romans, einem Murnauer Nazi-Gegner, dem Lehrer Leopold Huber, ein Denkmal setzte. Im Weinhaus Kirchmeir kam es 1931 zu einer „Saalschlacht“ zwischen Sozialdemokraten und Nationalsozialisten, die letztlich den Wandel des Oberlandes ins „Braune Land“ symbolisierte. Horváth, der dabei gewesen war, sagte im Prozess gegen die Nationalsozialisten aus. 1933 musste er Murnau fluchtartig verlassen, sein altes Stammtischlokal wurde ein Jahr später zwangsversteigert. Heute erinnert nur noch ein Zunftzeichen, eine große goldene Traube, an den Ort, in dem einmal diese historische Gaststätte betrieben wurde. Später übernahmen verschiedene Wirte das Lokal, inzwischen ist darin das Servicecenter einer Bank untergebracht.

Die Infotafeln am Horváth-Rundweg ordnen Leben, Werk und Haltung des großen Schriftstellers ein. An den Stationen kann man Zitate als Audiodateien downloaden unter:

https://murnau.de/de/horvath-rundweg.html

Lesetipp

Wer mehr über Literatur und Literaten erfahren möchte, dem sei das Lesebuch „Sehnsucht Oberbayern. Spaziergänge durch das Alpenvorland der Literaten, Musiker und Maler“ (München 2018) von Elisabeth Tworek empfohlen.

Einst gediegener Treffpunkt der Murnauer: die mit Weinranken üppig bemalte ehemalige Gaststätte und Weinhaus Kirchmeir

Sabina Bockemühl

Die Malerin vom Gelben Haus

In der markanten alten Stadtvilla am Untermarkt hat sie ihr Atelier. „Murnau hat was ganz Besonderes", schwärmt sie. Die bunten Seidl-Fassaden geben dem Markt ein weltläufiges Flair. Hier ist nicht nur ein Blick auf die Geranien möglich wie in so manch andrem bayerischen Ort. „Man hört hier viele Dialekte, das Schwäbische, das Werdenfelserische, die kehligen Laute der Ober- und Unterammergauer", erzählt sie. „Aber die Murnauer zwingen mich nicht ins Dirndl und ich darf auch Hochdeutsch sprechen", sagt sie augenzwinkernd. „Man kann hier das Licht auf der Haut spüren und die Weite einatmen." Das macht sie am liebsten beim Joggen durchs Moos oder, wenn sie vorbei an der Kottmüllerallee, wo schon Gabriele Münter die Berge in Blau malte, über die Kohlgruberstraße Richtung Atelier spaziert. „Dass sich hier die Maler des Blauen Reiter gerne trafen, ist für mich völlig nachvollziehbar. Nirgendwo sonst ist das Licht so magisch", plaudert sie weiter. „Das Licht ist hier immer hell. Selbst wenn es dunkel ist, ist es hell und nicht wie in den Bergen tiefschwarz." Die Gemälde einer Gabriele Münter gefallen ihr, aber mehr noch die kraftvolle Weise, mit der diese Frau sich den Weg in die Kunst erarbeitet hat. Sabina Bockemühls Gemälde sind von ihrer eigenen Lebenszeit inspiriert, geschaffen für die Menschen von heute.

Sabina Bockemühl lebt seit mehr als 30 Jahren in Murnau. Vom heimatlichen Solingen hat ihr Mann sie „verschleppt", als er hier einen Job annahm. Sabina Bockemühl trifft man auch gerne mal beim Espresso beim Italiener an.

Murnau und die Kunst

Großes Format und kräftige Farben: Besuch bei einer zeitgenössischen Malerin

Wer die Treppe zum Atelier von Sabina Bockemühl hochsteigt, muss an ganz großen Bildern vorbei. Porträts hängen dort, zum Beispiel von Mario Adorf oder Veronica Ferres und Hannelore Elsner. Auf einem anderen Bild ist ein junger Mann zu sehen, der bequem chillend auf einer Treppe sitzt. Das nächste zeigt eine sportliche junge Frau. Was da im Format von 2 auf 2,20 Metern zu sehen ist, sind Tochter und Sohn. Es sind die Menschen, die die Malerin interessieren.

Staffeleien tanzen Tango

Im Atelier lehnen sich Leinwände an Leinwände, Staffeleien scheinen Tango miteinander tanzen zu wollen – ihre Beine stehen jedenfalls nicht gerade in Reih und Glied. Das Sofa ist mit einer bunten Kuh bemalt, mehrere Bilder zeigen Kühe. Es tummelt sich quasi die Anzahl eines veritablen Bauernhofs auf der Wand, mal glitzernd und mit Blümchen, mal Picasso-artig abstrakt. Für die Kühe wird die Malerin von ihrem Publikum geliebt, ihre Porträts zeigen, welchen tieferen Blick sie hat.

Porträts, Hot Cows …

… oder auch Murnauer Landschaften sind entstanden. Das neueste Projekt heißt „Lebensstücke“: Durch die Pandemiebeschränkungen hat sie sich dem kleinen Format, 40 mal 40 Zentimetern, zugewandt. Doch egal, welches Motiv: Sabina Bockemühl mischt ihre Themen, sodass aus etwas Vertrautem die Vielschichtigkeit des Lebens zum Ausdruck kommt. Die Leinwand wird als Objekt genutzt, da kann es auch zu Collagen aus alten Tapeten oder edlen LPs der 1970er-Jahre kommen. Plastische Farbstrukturen arbeitet Sabina Bockemühl so heraus, dass eine dreidimensionale Wirkung entsteht. Mainstream und Magie der Kunst: kein Widerspruch.

In jedem Bild steckt das Wissen ihres Lebens

Ihre Ausbildung absolvierte Bockemühl in Düsseldorf, Trier, Münster und Barcelona – unter anderem bei Markus Lüpertz und Anke Doberauer. Ihr Studium in den Jahren 1990 / 1991 bei dem Bildhauer und Porträtmaler Ricci von Riggenbach stellt die Basis ihrer heutigen Arbeiten dar. Sabina Bockemühls Werk wird von internationalen Galerien vertreten, mehrere Museen haben sie zu Ausstellungen eingeladen.

www.sabina-bockemuehl.de

Gabriele Münter (1877–1962)
„Malweiber" wurden Frauen wie sie genannt, doch es waren unerschrockene Künstlerinnen, die um 1900 erstmals in die Öffentlichkeit gingen. Die Malerin gilt heute neben Paula Modersohn-Becker als die wichtigste Vertreterin des deutschen Expressionismus. Vor allem aber ist der Name von Gabriele Münter untrennbar mit Murnau verbunden. Nichts wies bei ihrer Geburt darauf hin, dass sie und der Markt so zusammenwachsen würden. Sie wird am 19. Februar 1877 als Tochter eines Zahnarztes in Berlin geboren. 1897 besucht sie eine Damenkunstschule in Düsseldorf. Nach dem Tod der Eltern reist sie mit ihren Schwestern zwischen 1898 und 1900 zu Verwandten in die USA, entdeckt dort das Fotografieren für sich. Zurück in Europa, lässt sie sich 1901 in München nieder und setzt ihr Studium an der Malschule des Künstlerinnen-Vereins fort. Dort lernt sie Wassily Kandinsky kennen, der unterrichtet. „Er hat mein Talent geliebt, verstanden, geschützt und gefördert", wird sie später über ihn sagen. Es ist eine Künstlerbeziehung, die beide in ihrer Schaffenskraft aufblühen lässt. Das Paar unternimmt zahlreiche Reisen durch Europa und nach Nordafrika, lebt einige Zeit in Paris. Fast 15 Jahre sind sie zusammen, bis die Beziehung in Bitterkeit und Enttäuschung endet.

Von ihrem Erbe hatte Gabriele Münter ein Haus in Murnau erworben (→ siehe S. 92ff.). Die Freunde Alexej von Jawlensky und Marianne von Werefkin kommen oft, auch die Maler Franz Marc und August Macke mit ihren Frauen stoßen dazu. Man arbeitet gemeinsam im Blauen Land, die Künstlervereinigung „Der Blaue Reiter" bildet sich.

1913 richtet ihr Herwart Walden in seiner Berliner Galerie „Der Sturm" eine Einzelausstellung mit 84 Werken aus. Mit Beginn des Ersten Weltkriegs fliehen Münter und Kandinsky in die Schweiz. Nach der Trennung 1915 ist Gabriele Münter von Einsamkeit getrieben und von Depressionen geplagt. Sie geht 1925 nach Berlin. Dort beginnt sie eine Beziehung mit dem Philosophen und Kunsthistoriker Johannes Eichner. Er motiviert sie zu einem künstlerischen Neubeginn. War sie bislang aus mangelnder Selbstsicherheit und dem damaligen Rollenverständnis als Frau im Schatten gestanden, steht

Gabriele Münter, porträtiert von Wassily Kandinsky, 1905

nun eine neue, große Schaffensperiode an. Weil sie zuvor nicht ernst genommen wurde, kann sie quasi unbehelligt in der NS-Zeit weiterarbeiten. Unter den Nationalsozialisten wird Münter Mitglied der Reichskammer der Bildenden Künste und stellt bis 1937 aus. Während des Zweiten Weltkriegs lebt sie mit Eichner zurückgezogen in Murnau.

1949 ist sie mit neun Arbeiten auf der Ausstellung „Der Blaue Reiter" im Münchner Haus der Kunst vertreten. In den Folgejahren wird in zahlreichen Ausstellungen Münters Werk der Öffentlichkeit gezeigt, etwa 1955 auf der documenta 1 in Kassel. „Es ist eingetreten, was Kandinsky mir früh prophezeite, wenn ich mich als Frau zurückgesetzt sah: spät, aber sicher werde die allgemeine Anerkennung kommen", erinnerte sie sich, als sie 1956 den Kulturpreis der Stadt München bekam. 1957 übergibt sie der Städtischen Galerie im Lenbachhaus in München ihre eigenen Bilder sowie die in ihrem Besitz befindlichen Werke von Kandinsky und anderen Mitgliedern des Blauen Reiters, die sie vor den Nationalsozialisten in ihrem Murnauer Haus versteckt hatte. Im Alter von 85 Jahren verstirbt Gabriele Münter am 19. Mai 1962 in Murnau. Ihr Grab befindet sich auf dem Murnauer Friedhof.

Wassily Kandinsky (1866–1944)

In Moskau als Sohn eines Teehändlers geboren, promovierte er in Jura. Nebenher malt und zeichnet er. 1896 zieht er mit seiner Frau nach München und besucht eine Malschule. Ab 1900 studiert er an der Münchner Akademie der Künste bei Franz von Stuck und lernt Paul Klee kennen. Er beginnt zu unterrichten und begegnet dort Gabriele Münter, die seine Schülerin ist. Kandinsky trennte sich für sie von seiner Frau. Münter und Kandinsky reisen gemeinsam durch Nordafrika und Europa, leben in Paris. Nach der Rückkehr 1908 entdecken sie Murnau. Sie lernen Franz Marc und August Macke kennen, die Künstlervereinigung „Der Blaue Reiter" wird gegründet. Zu Beginn des Ersten Weltkriegs flieht das Paar in die Schweiz, es kommt zur Trennung. Man begegnet sich ein letztes Mal in Schweden. Kandinsky arbeitet in Weimar am Bauhaus. Unter den Nationalsozialisten werden 57 seiner Werke beschlagnahmt, 14 davon in der Ausstellung „Entartete Kunst" angeprangert. Kandinsky erhält die französische Staatsbürgerschaft. Er stirbt 1944 in Neuilly-sur-Seine. Gabriele Münter versteckt einen Teil seiner Werke im Münter-Haus. Sie übergibt sie später mit ihrem eigenen Werk dem Lenbachhaus in München.

Das Münter-Haus

Das zauberhafte Haus mit entzückendem Garten ist zu besichtigen. Es steht an der Kottmüllerallee in Murnau und wird heute von der Gabriele Münter- und Johannes Eichner-Stiftung verwaltet. Nach einer Renovierung ist es in seinem ursprünglichen Zustand von 1909 bis 1914 wiederhergestellt.

Die Murnauer nannten es da-

Wassily Kandinsky in Murnau, um 1900

mals auch das „Russenhaus“, da Wassily Kandinsky und auch die Freunde Marianne von Werefkin und Alexej Jawlensky russischer Nationalität waren. Alle kamen häufig nach Murnau. Die Arbeitssitzungen zum berühmten Almanach „Der Blaue Reiter“ fanden im Herbst 1911 dort statt. Zahlreiche Erinnerungsstücke lassen das Leben der Künstlerin aufscheinen, in einer Zeit, als sie hier mit Kandinsky glücklich war. Münter und Kandinsky richteten das Haus ein, legten den Garten an und bemalten die Möbel. An den Wänden hängen heute zwar keine echten Kandinskys oder Gemälde von Münter mehr, aber der Treppenaufgang zeigt zum Beispiel die Pferde, Reiter oder Blumen, die die beiden am Geländer aufmalten. Eine Sammlung von Volkskunstgegenständen und Hinterglasmalereien machen deutlich, wie sehr sich Gabriele Münter mit traditioneller Kunst auseinandersetzte. Auch ihre Fotoapparate sind noch ausgestellt. Vom Haus aus hat man einen wunderbaren Blick zur Kirche, zum Murnauer Schloss und in die Berge.

Gabriele Münter hatte am 21. August 1909 das Haus für die Sommerfrische erworben. Kandinsky und sie haben hier einige unbeschwerte Zeiten verbracht. Entgegen von Romanbeschreibungen und Verfilmungen, die sich vor allem ihrer Depression nach der Trennung annehmen, hat Gabriele Münter durchaus auch danach ein selbstbestimmtes und erfülltes Leben in diesem Haus verbracht. Von 1931 an lebte die Malerin mit ihrem zweiten Lebensgefährten, dem Kunsthistoriker Johannes Eichner (1886–1958), bis zu ihrem Tod 1962 ganz hier.

Murnau, Kottmülleralle 6
☎ 08841 628880
Öffnungszeiten:
Di–So, 14–17 Uhr
KEIN Parkplatz am Haus!
www.muenter-stiftung.de

Lesetipp

Eine Vielzahl von Bücher nehmen das Leben von Gabriele Münter auf. Unterhaltsam und anschaulich zu lesen sind:

Ota Filip: „Das Russenhaus. Ein Roman um Gabriele Münter und Wassily Kandinsky“, München 2007. Karoline Hille: „Gabriele Münter. Die Künstlerin mit der Zauberhand“, Köln 2012

MURNAU UND DIE KUNST

Keine Angst vor Kunst

oder was München um 1900 auslöste

Wer ins Blaue Land reist, braucht kein Art-Junkey und Kunstnarr zu sein. Freilich können Menschen, die besonderes Kunstinteresse pflegen, hier auf den Spuren der ganz großen Künstler der deutschen Moderne wandeln. Ihre Fußabdrücke führen heute ins Museum – sicherlich lehrreich und inspirierend. Doch das war nicht der Grund, warum sich die deutsche Avantgarde in Murnau traf. Es war eine Gegenbewegung zur industriell verschmutzten Großstadt München, die die Künstler aufs Land zog.

München entwickelte sich nach 1900 zu einem avantgardistischen Zentrum. „Kunst und Kultur entsteht im Trotzdem", rief der Autor Frank Wedekind einmal aus. Denn eigentlich war die Gesellschaft in der Prinzregentenzeit eine von Zensur und Überwachung geregelte Ära. Was heute die Celebreties der Kunstgeschichte ausmacht, war damals eine Jugend, die sich aus Lübeck, Berlin, Hamburg und Moskau in München-Schwabing zusammenfand und eine neue Geisteshaltung in die Gesellschaft mit ihrer Art zu leben implementierte. Sie mieteten sich etwas billiger in Wohnungen ein, weil sie die vielen Neubauten dort im Stadtviertel Schwabing „trockenwohnen" sollten. Dass „München leuchtete", wie heute ein Werbeslogan suggeriert, war damals spöttisch gemeint. Es ist der Titel einer Novelle von Thomas Mann aus dem Jahr 1902, in der er heiter-ironisch München als Kunststadt beschreibt. München wurde zwar in Deutschland als Avant-

garde dargestellt, war aber in der Bevölkerung keineswegs als Ort begriffen, der sich mit moderner Kunst auseinandersetzte. In der Novelle wird der Stadt mit Weltuntergangsszenarien der Feuertod prophezeit, durch ein „breites Feuerschwert, das sich im Schwefellicht über die frohe Stadt hinreckte“. So leuchtete München! Die Novelle ist auch unter dem Titel „Gladius Dei“ bekannt.

Die kunstschaffende Jugend von damals rettete sich aufs Land. Ein Teil folgte der Redaktion des „Simplicissimus“, einer angesagten Zeitschrift, an den Tegernsee. Für Gabriele Münter und Wassily Kandinsky spielte Murnau die Rolle ihres Lebens: als Ort des Rückzugs und als Ort der Inspiration. 1908 kamen sie das erste Mal im Sommer nach Murnau. Sie stiegen im Gasthof Griesbräu (→ siehe S. 55f.) ab und verbrachten mit dem russischen Malerpaar Marianne Werefkin und Alexej Jawlensky einige „heroische Wochen“, wie Kandinsky jubelte. Wassily Kandinsky war 1896 aus Moskau nach München gekommen. Er war Künstler, Lehrer und hatte den Horizont, zu erkennen, dass es mehr braucht als bloße Kritik an den Umständen, um etwas zu ändern. Auf seine Initiative hin entstand eine neue Plattform, in der sich die jungen Künstler äußern und vernetzen konnten und so zum Role-Model für andere wurden. Erst war es seine Künstlervereinigung „Phalanx“, dann „Der Blaue Reiter“, aus dem Impulse in die Gesellschaft gingen. Es wurde ein Weg zum bahnbrechenden Fortschritt

in die Moderne, die eine neue Malweise in neuen Formen und Farben aufnahm.
Doch das bewerten wir heute so. Damals kamen Münter, Kandinsky und Co. ins Blaue Land, weil sie hier fern der Bespitzelung und frei von Schmutz und Lärm einer industriellen Großstadt einen Platz zum Leben und Malen fanden. Ihre Bilder bringen erst heute hohe Preise. Damals lebten die Maler nicht allzu üppig, mal mit gutem Einkommen einer Akademie, aber oft nur vom Erbe, bis es aufgebraucht war. Münter wollte zum Beispiel einmal ein Bild verkaufen, damit sie sich Kartoffeln

kaufen konnte. Die Anekdote besagt, dass die Bäuerin den Rahmen nahm und ihr das Bild wieder mitgab, weil es ihr zu hässlich war.

Die unberührte Schönheit des Voralpenlandes, die bayerische Volkskunst, die weite Natur und das unglaublich Blaue Licht zogen die Künstler an. Das alles ist immer noch da – auch heute vollkommen einmalig.

James Loeb (1867–1933)

„Ein Amerikaner im Blauen Land" – so könnte ein Filmtitel heißen, wenn denn das Leben des James Loeb (→ siehe Abb. S. 36) je verfilmt worden wäre. Genügend Stoff gäbe es her. James Loeb gehört zu den eindrucksvollen Persönlichkeiten des 20. Jahrhunderts. „Vermögen ist zu erlangen, damit wir es an Würdige in Fülle austeilen", soll er gesagt haben. Er hat es auf jeden Fall so gehandhabt. Ohne seine Stiftungen und großzügigen Spenden gäbe es hier vieles nicht. Wenn Murnau heute ein zentraler Gesundheitsstandort der Region mit namhaften Kliniken ist, hat James Loeb zu seinen Lebzeiten immens dazu beigetragen.

Geboren in New York als Sohn eines jüdischen Bankiers und einer Pianistin, studierte er in Harvard Wirtschaft und Internationales Handelsrecht, aber auch alte Sprachen und Kunstgeschichte des Klassischen Altertums. Danach trat er in die Bank seines Vaters ein, musste aber wegen schwerer gesundheitlicher Probleme diesen Beruf aufgeben. Bereits 1907 kam er zur Erholung erstmals ins Blaue Land, von 1912 an lebte er ständig hier und baute sich ein Landhaus: das Gut Murnau-Hochried. Auf dem Gelände befindet sich heute die höchst renommierte Kinderklinik Hochried.

Loeb betätigte sich auch als Wohltäter und großzügiger Spender: So übernahm er 1931 komplett die Finanzierung des Gemeindekrankenhauses. Das ehemalige Krankenhaus ist heute das Innovationsquartier IQ.

James Loebs großes Interesse an Medizin ist wohl seiner eigenen Gesundheitsgeschichte geschuldet. Durch seine Verbindungen zu Sigmund Freud und dem Psychiater Emil Kraepelin engagierte er sich für die Gründung der „Deutschen Forschungsanstalt für Psychiatrie" mit einer Millionendotation. Heute ist aus dieser Anstalt das Max-Planck-Institut für Psychiatrie geworden. Das erste Münchner Studentinnen-Wohnheim, das nach dem Namen seiner Frau Marie-Antonie benannt wurde und bis heute besteht, wurde von ihm finanziert. Bei der Eröffnung der jeweiligen Institutionen ließ er sich häufig durch seinen Verwalter vertreten, selbst besichtigte er die Gebäude erst später, ohne Öffentlichkeit.

Er stand mit vielen Münchner Wissenschaftlern wie etwa Karl Vossler, dem Rektor der Münchner Universität, Größen wie Luise Kieselbach, Frauenrechtlerin, oder Komponisten und Musikern wie Richard Strauss, Max Reger, Hermann Levi, Gustav Mahler und anderen in Kontakt.

James Loeb war offenbar eine brillante Persönlichkeit, ein exzellenter Wissenschaftler und ein Kunstliebhaber von Fulminanz. Die Staatliche Antikensammlung in München erbte seine antiken Manuskripte, griechische Terrakottafiguren, Goldschmuck, antiken Vasen und Bronzen. Darunter sind so berühmte Werke wie der „Poseidon" und „Dreifüße". Seine „Loeb Classical Library", eine Sammlung von Werken griechischer und lateinischer Dichter und Schriftsteller in Originalsprache mit englischer Überset-

zung, wird noch heute weitergeführt. Bereits zu seinen Lebzeiten erschienen 360 Bände, Anfang des 21. Jahrhunderts sind es fast 500 Bände. Nach seinem Tod war in einem Artikel der „New York Times“ über ihn zu lesen: „Es ist nicht zu viel gesagt, dass James Loeb ein Erneuerer der Humanität, ein Wiederbeleber des Lernens war, der in seinem Weg die Tradition der Renaissance fortsetzte.“ James Loeb starb im Mai 1933 in seinem Landhaus in Murnau an einer Lungenentzündung. Das Terrorregime der Nationalsozialisten blieb ihm erspart.

Die James Loeb Gesellschaft e. V. gründete sich erst 2011, anlässlich der Verabschiedung von Dr. Hermann Mayer, der fast 30 Jahre lang die Klinik Hohenried geleitet hatte. Die Gesellschaft bietet ein erstklassiges Programm.

www.jamesloeb.de

Das Zimmertheater Uffing bietet regelmäßig Audiowalks auf den Spuren des Mäzens und Gönners James Loeb an, die man sich aufs Smartphone laden kann. Geeigneter Startpunkt für diese Zeitreise ist vor dem Haupteingang zum Kultur- und Tagungszentrum, Ödön-von-Horváth-Platz 1, in Murnau.

www.zimmertheater-uffing.de/download-loeb/

Das Blaue Land und die Kunst

Radeln auf den Spuren des „Blauen Reiter"

Fünf einzigartige Museen markieren wichtige Stationen, wenn man sich auf Spurensuche nach dem „Blauen Reiter" im Alpenvorland machen will. Wer diese ansteuern will, kann dies natürlich mit der Bahn machen oder aber sich aufs Radl schwingen und dem Verlauf der „Wasser-Radlwege Oberbayern" folgen.
www.oberbayern.de/erleben/wasser-radlwege/

Der offizielle Startpunkt dieser Radltour liegt am Münchner Lenbachhaus und führt von Bernried am Starnberger See, Kochel am See und Penzberg nach Murnau. Natürlich kann man aber auch andersrum die Route radeln. 185 Kilometer legt zurück, wer den ganzen Weg durch diese wunderbar inspirierende Landschaft radeln und sich Nahrung für die Seele holen will. Wer das vorhat, sollte sich dazwischen eine Übernachtung suchen oder das Angebot der Touristiker annehmen, die die gesamte Tour führen. Es geht aber genauso gut, an unterschiedlichen Tagen zu starten und Teile der Strecke mit S- oder Regionalbahn zurückzulegen. Eine Warnung vorweg: Problematisch ist im Voralpenland die Querverbindung. Meist kann man mit dem ÖPNV nicht einfach von Murnau nach Bernried oder nach Kochel, sondern wird immer zentral über München gelenkt. Der Alpenbus, der quer fahren soll, ist für 2025 angekündigt, es wird aber noch immer gestritten, wie der funktionieren soll.

Station 1: Das Lenbachhaus in München

Das Lenbachhaus hat die weltweit größte Sammlung an Werken des »Blauen Reiter«. Es war einmal die Künstlerresidenz des Malerfürsten Franz von Lenbach (1836–1904), daher der Name. Der Garten zählt zu den schönsten Orten der Stadt. Hier werden unter anderem auch die berühmten, farbenfroh leuchtenden Murnauer Landschaftsbilder gezeigt, die die Gründer des „Blauen Reiter", Wassily Kandinsky, Franz Marc und Gabriele Münter, und ihre Mitstreiter schufen.
Städtische Galerie im Lenbachhaus
München, Luisenstraße 33
☎ 089 23396933
www.lenbachhaus.de

Museum der Phantasie (Buchheim-Museum) in Bernried

Von München geht es dann Richtung Süden an der Isar entlang. Bei Grünwald muss man sich Richtung Gauting orientieren und fährt ein Stück durchs Leutstettner Moos, einem Naturschutzgebiet. Um dieses ranken sich wilde Geschichten, wie etwa um den tiefschwarzen Pudel mit glühenden Augen, der einst die alte Würmbrücke bei Percha überwacht haben soll. Entlang der Würm geht es zum Starnberger See (S-Bahn-Halt Starnberg).

Station 2: Museum der Phantasie in Bernried

Der Starnberger See selbst bietet eine Vielzahl an Sehenswürdigkeiten. Wer auf dem Weg der Künstler bleiben will, fährt weiter Richtung Tutzing (S-Bahn-Halt). Direkt dahinter kommt man nach Unterzeismering, woran sich das Naturschutzgebiet Karpfenwinkel anschließt. Es ist ein Vogelschutzgebiet und hat wunderschöne Streuwiesen. Gleich darauf hat man Bernried mit dem Museum der Phantasie erreicht. Hier sind unter anderem herausragende Werke der Künstlergemeinschaft „Die Brücke" zu sehen, die heute als wichtigster Vertreter des Expressionismus angesehen wird. Ernst Ludwig Kirchner, Erich Heckel, Max Pechstein und Karl Schmidt-Rottluff gehörten zu ihren Mitgliedern. Darüber hinaus hängen hier auch Arbeiten von Lovis Corinth oder Max Beckmann. Vor allem aber ist das Museum eine Erinnerung an seinen Gründer Lothar-Günther Buchheim (1918–2007), einen Exzentriker, der sich als Maler, Fotograf, Verleger und Autor betätigte. Sein Roman „Das Boot“ wurde in Hollywood verfilmt und ist heute ein internationaler Klassiker. Die Silhouette des Museums erinnert an ein Schiff …

Museum der Phantasie
Bernried, Am Hirschgarten 1
☏ 08158 99700
www.buchheimmuseum.de

Station 3: Schloßmuseum in Murnau

Vom Starnberger See führt die Tour durch den Pfaffenwinkel über die Osterseen (mit der Regionalbahn nach Kochel, Halt Iffeldorf). Auch sie sind als nationales Geotop ein Schatz der Natur. Man radelt Richtung Antdorf, kommt durch weitläufige Filzgebiete und ruhige Wälder. Die Moor- und Drumlinlandschaft zwischen Hohenkasten und Antdorf steht unter Naturschutz. „Drumlins“ nennt man diese länglichen Hügel, die durch die Eisbewegung eines eiszeitlichen Gletschers entstanden sind. Auf dem Loisachradweg geht es am Riegsee vorbei Richtung Murnau. Im Schloßmuseum (→ siehe auch S. 24ff.) sind vor Kurzem in den ersten Stock des Westflügels die bislang räumlich voneinander getrennten Kernsammlungen Gabriele Münter und Expressionismus eingezogen. Dadurch lassen sich neue Werkbezüge direkt herstellen und die Entwicklung der Kunstepoche in Murnau zwischen zwischen 1908 und 1914 ist besser nachzuvollziehen. Eine Neupräsentation der Abteilung Ortsgeschichte soll im Dezember 2023 erfolgen.

Foyer zur Ausstellung Expressionismus/Gabriele Münter

Franz Marc Museum in Kochel am See

Station 4: Franz Marc Museum in Kochel am See

Von Murnau aus folgt man am besten der Beschilderung nach Ohlstadt, über den Loisachradweg erreicht man das Franz Marc Museum in Kochel am See. Für den Münchner Franz Marc war Kochel der Lieblingsort seines Lebens. Er ist zwar bekannt für seine Tierdarstellungen, malte aber auch vielfältige Ansichten der Bergwelt. Er arbeitete mit Wassily Kandinsky zusammen an den kunsttheoretischen Schriften des Almanachs „Der Blaue Reiter“. Das Museum zeigt allerdings nicht nur die Kunst des „Blauen Reiter“, sondern auch herausragende Arbeiten von Paul Klee und bedeutende Gemälde der abstrakten Malerei nach dem Zweiten Weltkrieg. Und es gibt nicht nur 100 Jahre alte Gemälde zu sehen: Überregionale Aufmerksamkeit erregte zuletzt eine Ausstellung fotorealistischer Werke der Malerin Karin Kneffel, die zu den wichtigsten zeitgenössischen Vertreterinnen des Neorealismus zu zählen ist.

Die Loisach-Kochelsee-Moore stehen unter dem Label „Nautra 2000“, einem europäischen Netz von Schutzgebieten zur Erhaltung gefährdeter oder typischer Lebensräume und Arten. Wer von Kochel Richtung Benediktbeuren an der Loisach entlangfährt, kommt durch dieses Filzenmoos und geschützte Habitat.

Franz Marc Museum
Kochel am See, Franz Marc Park
☎ 08851 924880
www.franz-marc-museum.de

Station 5: Museum in Penzberg

Von Kochel am See geht es weiter zum Klosterdorf Benediktbeuern mit seiner barocken Klosteranlage, bevor man Penzberg, die Wirkungsstätte des Malers Heinrich Campendonk (1889–1957), erreicht. Er übersetzte die Ideen in eine magische Motiv- und Farbenwelt und entwickelte eine verblüffende, leuchtende Hinterglastechnik. Seinen Einstieg in die Kunstszene fand er durch die Unterstützung von Franz Marc und Wassily Kandinsky. In der NS-Zeit wurde er als „entarteter" Künstler diffamiert und floh nach Amsterdam. Für die Niederlande stellte er auf der Weltausstellung in Paris aus und gewann den Grand Prix damit. Er kehrte nie wieder nach Penzberg zurück.

Penzberg ist eine ehemalige Bergwerksstadt und auch heute vor allem vom florierenden Gewerbe geprägt. Über den Loisachradweg kann man Richtung Wolfratshausen fahren und dann über den Isarradweg zurück nach München. Wem hier die Kondition ausgeht, der steigt an der Strecke in die S-Bahn zurück nach München.

Museum Penzberg –
Sammlung Campendonk
Penzberg, Am Museum 1
(ehemalige Karlstraße 61)
☎ 08856 813480
www.museum-penzberg.de

Tipps für Radltouren

➔ Geführte Radtouren für die Strecke gibt es unter:
www.radtattouri.de oder
www.kunst-tour.de

➔ Die Tourist Information Murnau hält einen Flyer mit

Museum Penzberg – Sammlung Campendonk

einem QR-Code vor, der über www.outdooractive.com die Route aufs Handy lädt.

➔ Auf dieser Webseite werden alternativ zum Radl auch Bahnverbindungen und Übernachtungsmöglichkeiten vorgeschlagen:
www.museenlandschaft-expressionismus.de

➔ Besorgen Sie sich die „MuSeenKarte“, dann zahlen Sie einmal regulär und bekommen anschließend Rabatt auf alle weiteren Eintrittskarten. Man bekommt sie beim ersten Eintritt in einem der fünf Museen.

Cuno Fischer (1914–1973)

„Maler, Designer und Nomade“ – so wurde eine Ausstellung seiner Werke 2023 überschrieben. Der Name Cuno Fischer ist zu Unrecht einer der nicht ganz so prominenten im Blauen Land. Geschuldet dürfte es dem recht unsteten Lebensweg sein, der den Maler nicht eindeutig zuordenbar machte für den großen Kunstmarkt. Es war ein Mann, der sein Geld als Industriedesigner und Grafiker verdiente. Er arbeitete im Auftrag für die Porzellanmanufakturen Rosenthal und Hutschenreuther oder Villeroy & Boch, es sind einmalige Objekte, die heute Sammler begeistern und für die sie viel Geld bezahlen, ob für Vasen, Aschenbecher, Schalen oder Espressotassen. Mit seinen Glasobjekten gestaltete er mehrere Ausstellungen.

Cuno Fischer mit Iltis und Hund, Atelier Murnau, 1965

Cuno Fischer kam aus einer Wuppertaler Familie, die eine Versicherungsagentur betrieb. Diesen Beruf wollte er nicht ausüben. In seinen biografischen Notizen beschrieb er sein Leben so: „1914 geboren, studium als gebrauchsgrafiker mit ambitionen für malerei und bühnenbild. 1933. 1945 keine arbeiten. Ausstellungsverbot.“

Er wurde 1939 als Soldat im Polenfeldzug und 1940 als Besatzungssoldat in Frankreich

Cuno Fischer: Paar mit weißem Hahn, Hinterglasbild, 1972

eingesetzt, 1941 im Russlandfeldzug verschüttet. Nach dem Krieg arbeitet er „in berlin als maler und bühnenbildner. 1950 übersiedlung nach stuttgart. Neben malerei vor allem hinterglas, zusammenarbeit mit architekten für wandbilder, glasfenster und farbgebung". Dann zieht er mit einer Roma-Familie in die französische Camargue. Er arbeitet als Künstler, als Maler, als Journalist, als Bühnenbildner. „Seit 1963 lebe ich mit frau, hunden und einem iltis in murnau oberbayern." Fischers Atelierhaus stand in der Loisachtalstraße in Murnau. Sein Werk lagert im Germanischen Nationalmuseum in Nürnberg. Das Schloßmuseum Murnau hat inzwischen einige Objekte angekauft. Die Glanzstücke sind 20 farbkräftige, kristallin-leuchtende Hinterglasbilder, deren Motive klar und doch rätselhaft erscheinen. Greifbar ist das Werk des Künstlers für Interessierte nur in seinen Porzellanobjekten der großen Manufakturen.

Die Kunst lebt

Murnau hat eine reiche künstlerische Geschichte. Aber es würde einen völlig falschen Eindruck erwecken, nur in der Vergangenheit zu schwelgen. Es gibt aktuell eine Vielzahl von Künstlerinnen und Künstlern sowie Kunstvereinen:

Kunstverein Murnau e. V.

Dass sich dieser Verein gründete, lag daran, dass es bis dahin nur wenige Ausstellungsmöglichkeiten in Murnau gab. Die zeitgenössischen Künstler fanden nur mühsam ihren Weg in die Öffentlichkeit. Die Sandkünstlerin Irmgard Lange Redinger, Kunstschmied Peter Vögele, die Malerinnen Giesela Wörndle und Tanja Schönberg, Fotografin Ruth Rall und die aus Finnland stammende Malerpoetin Maire Borchard gehörten zu den Gründungsmitgliedern und sind dem Verein bis heute treu geblieben. Eingeladen wird zu den unterschiedlichsten Ausstellungen und Veranstaltungen. Die Jugendausstellungen sind besonders schön mitzuerleben.

Kunstverein Murnau e. V.,
Galerie am Gabriele-Münter-Platz
Murnau, Burggraben 4
www.kunstverein-murnau.de

Künstlervereinigung Murnau e. V.

1998 von Willem Bredemeyer, Bernhard Kölbl und Parviz Massoudi gegründet, bietet dieser Verein die Atelierräume „Tusculum" in der Kohlgruber Straße 20 in Murnau an, die einladen zu intensivem Arbeiten. Mitglieder des Vereins können die Räume nach Bedarf nutzen. Regelmäßig finden dort Mal- und Gestaltungskurse statt. Das Aktzeichnen kann am lebenden Modell geübt werden; wöchentlich trifft sich die Porträtzeichengruppe. Freilich muss man Mitglied sein, um alles zu nutzen, aber auch wer nur kurz in Murnau urlaubt, ist willkommen. Welcher Künstler will schon nur allein vor sich hin schaffen? Gesellige Veranstaltungen und gemeinsame Ausstellungsbesuche erfüllen das Ganze zusätzlich mit Leben und bieten allen Kunstfreunden ein Kontaktforum.

Die Künstlervereinigung Murnau e. V. ist Mitglied bei euroArt, einem Netzwerk europäischer Künstlerkolonien.

Künstlervereinigung Murnau e. V.
Atelier TUSCULUM
Murnau, Kohlgruber Straße 20
www.tusculum-murnau.de
www.euroart.eu

Kreativ-Workshops
Im Blauen Land finden sich zahlreiche Möglichkeiten, Kreativität zu leben. Hier eine Reihe an Kontakten, die Kreativ-Workshops anbieten:

MakerLab Murnau e. V.
Erste Adresse für alle, die sich ausprobieren wollen, ist das MakerLab in Murnau. Es ist eine offene Hightech-Werkstatt, ein Ort zum Selbermachen – ein „MacherLabor". 3D-Drucker, Laser-Cutter, CNC-Fräse, Schneideplotter, Siebdruckanlage, Fotostudio, Einplatinencomputer, Flugsimulator, Kreativwerkstatt und eine Nähwerkstatt im TextilLab gehören zur Ausstattung. Ferner gibt es einen Elektronik- und Programmiertreff.
Der Verein stellt eine räumliche, technische und personelle Infrastruktur zur Verfügung, um, wie es in der Satzung heißt, um „zum eigenen und gemeinschaftlichen Nutzen Kunst- und Designobjekte, Maschinen, Alltagsgegenstände sowie Mechanik-, Elektronik-, Hardware- und Software-Komponenten selbst zu entwerfen und herzustellen". In den einzelnen Labs gibt es auch Kreativ-Workshops.
Jeden Mittwoch ist ein OpenLab-Day von 18 bis 21 Uhr, da kann man einfach vorbeischauen und reinschnuppern. Ob Acrylmalerei, Aquarellmalerei oder Glaskunstwerkstatt: Künstler bieten Workshops vielfältigster Art.
MakerLab Murnau e. V. im InnovationsQuartier
www.makerlab-murnau.de

Vielseitig kreativ
Acrylmalerei in Mischtechnik, aber auch intuitives Malen, Aquarellmalerei, Graffiti, verschiedene Drucktechniken und plastisches Gestalten – all das kann man im Atelier von Andrea Jungnitsch erlernen. Durch Bildbesprechungen während und am Ende des Malprozesses kann jeder das Beste aus seinen Kunstwerken herausholen.
www.andreajungnitsch.de

Acrylmalkurs in Murnau
Die Acrylmalerei wird schon mal als Ballett der Farben bezeichnet. Die freie Künstlerin Sabina Bockemühl gibt Kunstinteressierten in ihrem Kreativ-Workshop Tipps rund um das Malen mit Acryl. Malakademie im Gelben Haus (→ siehe auch S. 87)
www.sabina-bockemuehl.de/malakademie

Aquarellmalerei am Riegsee
In der Aquarellschule Hagen begleitet Leiterin Christine Meier beim ersten Pinselstrich. Die Kurse eignen sich sowohl für Anfänger als auch Fortgeschrittene. Im nahen Künstler-Café werden die Werke anschließend genauer unter die Lupe genommen. Denn produktive Kritik ist essenziell, um die eigenen Talente weiterzuentwickeln.
www.dasblaueland.de poi aquarellschule-hagen

Glasdruckkurse in Murnau
Die Glaskünstlerin Tanja Nicklaus vermittelt die Grundlagen der „jüngsten" Glasdrucktechnik. Diese wurde in den 1970er-Jahren in Amerika und im Bayerischen Wald entwickelt. Lassen auch Sie sich von dem Spiel aus Glas und Licht inspirieren! Feine Spuren oder tiefe Kerben bieten sich dabei für Farb- oder Prägedrucke an. Auch Kinderkurse sind in kleinen Gruppen an Wochenenden möglich.
www.glas-kunst.de

Malen im Moos
Unter fachkundiger Anleitung des Malers Christian Schied werden Sie in die Grundlagen der Landschaftsmalerei eingeführt. Auch Fortgeschrittene werden in diesem Kreativ-Workshop auf ihrem individuellen Weg gefördert. Den Schwerpunkt der Kurse bildet die Vermittlung von malerischen Zusammenhängen und deren Umsetzung im kreativen Malprozess. Und das alles in der malerischen Landschaft des Murnauer Mooses.

Sand-Kunst Kreativ-Workshop
„Nicht nach der Natur arbeite ich, sondern von der Natur mit ihr." Nach diesem Credo von Pablo Picasso wird im Workshop Sand-Kunst gearbeitet. Dabei gestaltet die Künstlerin Irmgard Lange-Redinger verschiedene Motive aus Sand und Naturmaterialien. Hier wird man spielerisch kreativ. Fühlt sich so ein bisschen an wie Sandkastenspielen, nur gescheiter.
il-kunst@t-online.de

Ferien-Workshops für Kinder
Ein tolles Angebot für Kinder findet sich auch auf der Website des Schloßmuseums Murnau:
https://schlossmuseum-murnau.de/de/kunstvermittlung-overview

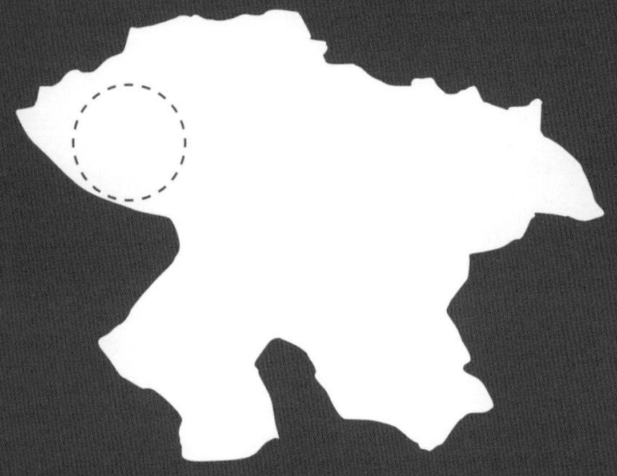

STAFFELSEE

Insel Buchau

Murnau liegt am Staffelsee, doch genau genommen hält der Markt gerade mal 210 Meter Seeufer zwischen Strandbad Murnau und der Schiffsanlegestelle. Der See gehört mit fast der gesamten Fläche zur Gemeinde Seehausen. Uffing hat seinen Anteil am Seeufer im Norden und Westen.

Der See selbst gehört dem Freistaat. Weil er sich als einer der wärmeren Gewässer in Bayern auszeichnet, macht es ihn zu einem beliebten Badesee. Seine Fläche ist etwa 7,5 Quadratkilometer groß, er ist maximal 40 Meter tief und hat einen Umfang von nicht ganz 20 Kilometern. Das Wasserwirtschaftsamt beschreibt sein Wasser als mild und moorhaltig. Es ist kein Trinkwasser. Das wird aus dem Grundwasser für die umliegenden Gemeinden gewonnen.

Ein Herz mit sieben Inseln

Aus der Luft betrachtet, mag mancher in der Form des Sees ein Herz erkennen. Man teilt den See in drei Flächen: den Ober- und den Untersee – quasi jeweils ein Herzblatt – und den Stegsee, das ist dann der untere Teil der Herzform. Im See gibt es sieben Inseln von sehr unterschiedlicher Größe. Die Insel Wörth ist die größte und einzig permanent bewohnte. Die Schiffsverbindung von Seehausen zur Insel Wörth führt südlich an der Jakobsinsel vorbei. Diese ist die kleinste Insel. Aber sie war einmal wichtig, denn sie war der Zwischenpolder für einen Holzsteg, der vom Festland auf die Insel Wörth führte. Die Pfosten sind unter Wasser noch sichtbar. Auf der Insel Wörth stand die Kirche und die war somit auch für Bewohner der Seeufer erreichbar, ohne ein Schiff zu besteigen.

Für Urlauber interessant ist noch Buchau, die zweitgrößte Insel. Sie hat einen Zeltplatz. Die Insel wird von der Staffelseeschifffahrt von Mitte April bis Mitte Oktober ab Seehausen angefahren. Große Birke, die drittgrößte Insel, hat ebenfalls einen kleinen Zeltplatz, der jedoch nur Mitgliedern des Deutschen Kanu-Verbands offensteht. Sie wird nicht von der Staffelseeschifffahrt angefahren, sondern ist nur mit Booten erreichbar. Mühlwörth, die nördlichste Insel des Staffelsees, liegt in einem Landschaftsschutzgebiet, befindet sich in Privatbesitz und ist nicht öffentlich zugänglich.

Aus dem Eis

Der Staffelsee hat – genau wie der Riegsee – seine Ursprünge in der letzten Eiszeit. Die sogenannte Würm-Eiszeit begann vor ca. 70 000 Jahren und endete vor ca. 11 000 Jahren. Zum Ende der Würm-Eiszeit zog sich der Loisachgletscher immer weiter zurück. In den Becken von Murnauer Moos, Staffel- und Riegsee blieben riesige Toteismassen liegen. Als Toteis wird abgetrennte Eismasse bezeichnet, die nicht mehr mit dem eigentlichen Eis verbunden ist. Als diese Eisberge schmolzen, entstand der See. Die Ach ist Zu- und Abfluss des Sees. Bis das Wasser sich einmal komplett erneuert hat, dauert es rund eineinhalb Jahre.

Untiefen im Ökosystem

Der See hat auch Untiefen, 19 sind in einer Karte verzeichnet. Die größte wird „Der Stein" genannt, sie liegt nordwestlich der Insel Buchau. Die geringste Wassertiefe hat hier nur rund 60 Zentimetern. Auch westlich der Insel Wörth gibt es eine Untiefe dieser Größe.

Laut dem Wasserwirtschaftsamt Weilheim weist der See eine „geringe bis mäßige Nährstoffbelastung" auf, hat eine „mittlere Sichttiefe" und eine „mäßige Produktion von Algen". Die Seequalität hat sich in den letzten 15 Jahren praktisch nicht mehr geändert.

Im Fischbestand tummeln sich Hechte, Renken, Schleien, es gibt auch Karpfen, Zander und Aale. Wasservögel wie Stockenten, Blässhühner, Reiherenten, Kanadagänse und Lachmöwen sind hier zu Hause. Als Rastplatz für Zugvögel kommt der Staffelsee nicht mehr groß infrage, da hier durch die starke Nutzung als Naherholungsgebiet von München bis in den Spätsommer

hinein keine Ruhe einkehrt. Die Tiere finden hier zu wenig Ruhe. Zum Schutz der Arten ist das Befahren des Staffelsees mit Motorbooten nicht erlaubt. Große Teile sind zudem Naturschutzgebiet.

Wassergaudi

Aber sonst ist so ziemlich alles im und am Wasser möglich, was den Menschen Spaß macht. Es gibt viele Buchten und Badestellen, außerdem mehrere Tretboot- und Ruderbootverleihe und ein kleines Schiff, die „MS Seehausen", die mit Platz für rund 100 Ausflügler über den See schippert. Zwischen Dezember und März ist der See immer wieder mal ganz oder teilweise zugefroren. Dann sind Eisläufer, Eishockeyspieler oder Eisstockspieler unterwegs. Im Frühjahr und im Herbst ist es wunderbar, den ausgeschilderten Seerundweg – etwa 33 Kilometer lang – abzuradeln.

Bräuche

Seehausener Seeprozession

Ein Erlebnis ist die Seeprozession. Sie findet am Fronleichnamstag statt. Von Seehausens Kirche St. Michael aus führt eine Prozession Richtung See. Die Teilnehmer lassen sich in vielen kleinen Booten hinüber zur Insel Wörth bringen. Und ziehen dort in die Simpertkapelle. Hier sollen die Wurzeln der Seehausener Pfarrei liegen. Die Legende besagt, dass sich hier ein Kloster Staffelsee befunden habe, das im 10. Jahrhunbdert beim Ungarneinfall zerstört wurde. Es liegen dazu allerdings keine gesicherten Erkenntnisse vor, obwohl es archäologische Forschungen dazu gibt. Ein Archäologiepark dokumentiert die historischen Stationen der Besiedlungsgeschichte. Die Seeprozession selbst wurde erstmalig 1935 gegangen.

Seehauser Fischerstechen

Ein echtes Spektakel – ein Brauch mit wenig langer Geschichte. Ursprünglich geht das Seehauser Fischerstechen auf das Jahr 1864 zurück. Dem-

nach wurde dieser Wettkampf anlässlich einer Hochzeit zum ersten Mal durchgeführt. 1985 beschlossen damals junge Seehauser, jedes Jahr am 15. August einen Fischerstecher-König zu ermitteln. Seitdem wird dieser jedes Jahr gekürt. Um die Krone kämpfen die Kontrahenten mit Lanzen. Zwei Boote werden zu diesem Zweck mit Holzbrettern verlängert. An deren Enden stehen die Burschen und versuchen, ihr Gegenüber ins Wasser zu befördern. Danach feiern alle gemeinsam am Seefest.

Termine auf www.dasblaueland.de

Seefeste im Blauen Land

An den Seen wird gerne gefeiert – nicht nur mit dem traditionsreichen Fischerstechen in Seehausen oder der Seeprozession. Es gibt auch die wunderbaren Seefeste im Sommer, die ein echter Magnet für Einheimische und Gäste sind. Trachtenvereine laden ein, Musikgruppen spielen auf, die Burschen und Madln tanzen bis ins Morgengrau, wenn das Wetter hält.

Am „kleinen" Seefest von Uffing wird eher traditionell mit Einlagen der Plattler-Jugend und Trachtlern gefeiert, das „große" Seefest immer mit einem Feuerwerk.

Den Kalender der Seefeste gibt es bei Pete vom murnauer.blog

https://murnauer.blog/seefeste-im-blauen-land/

SEEHAUSEN

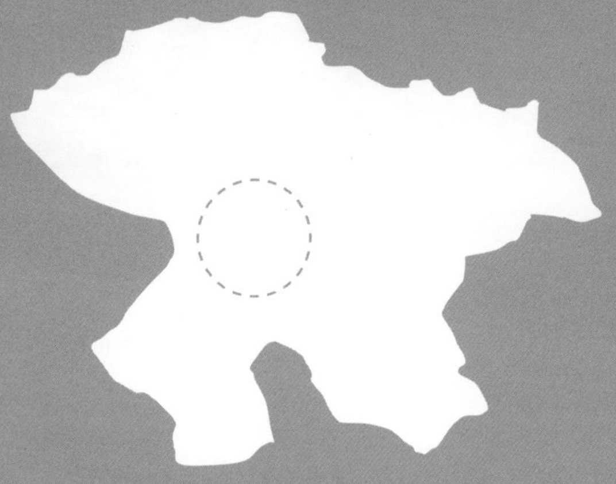

STAFFELSEE

Bootshäuser am Staffelsee, im Hintergrund Seehausen

Seehausen ist ein Fischerdorf mit alten, schmucken Bauernhäusern. Einige sind mit Lüftlmalerei versehen. Die Seehauser haben mit ihrer langen Geschichte auf der Insel Wörth ein besonderes Pfund, mit dem sie wuchern können. Viele Hochzeiten finden auf dem romantischen Flecken statt. Und die Seehauser sind stolz drauf, dass sie in den 1970er-Jahren nicht von Murnau eingemeindet wurden. Die Eigenständigkeit bedeutet ihnen, so der Eindruck in den Gesprächen, viel. Heute leben hier etwa 2500 Einwohner im recht idyllischen Dorf. Sehenswert ist natürlich nicht nur die Insel, auch ein Spaziergang durch das Dorf und zur Kirche St. Michael ist zu empfehlen. Diese wurde aus den abgebrochenen Steinen der damaligen Kirche auf der Insel Wörth gebaut und 1782 schließlich geweiht.

Sogar ein bisserl einkaufen kann man in Seehausen: Im Milch- und Lebensmittelladen gibts auch Zeitschriften, frisches Obst, Gemüse und was man so an Naturkost braucht im Laden vom Hacklhof. Frische Backwaren aus eigener Herstellung, Brote aus reinem Natursauerteig oder Kuchen kauf man beim Dorfbäcker. Man kann die Geschäfte nicht verfehlen, sie sind alle an der Dorfstraße! Übernachten kann man in Seehausen gut auf den Campingplätzen oder in Ferienwohnungen.

Anschauen

Staffelseemuseum

Wer mehr über den See und seine Geschichte wissen will, ist hier richtig. Und ist auch wahrscheinlich beeindruckt. Weil es „mit außergewöhnlichem Engagement und ehrenamtlichem

Einsatz hier auf kleinem Raum Großes geschaffen“ hat, bekam es 2019 den Bayerischen Museumspreis verliehen – quasi den Oscar für ehrenamtlich geführte Museen. Aufbereitet werden die Kulturgeschichte der Region, die ihren Anfang in der Bronzezeit auf der Insel Wörth nahm, und die Bedeutung des Staffelsees, die Fischerei und deren Geschichte. Außerdem sind in großer Vielfalt Hinterglasmalereien zu sehen. Seehausen mit den Malerdynastien Kirchmayr, Gege und Noder war ein bedeutendes Zentrum dieser Volkskunst, die auch Gabriele Münter, Wassily Kandinsky oder Cuno Fischer inspirierte.

Seehausen, Seestraße 1
☎ 08841 672858
www.staffelseemuseum.de

Staffelsee Motorschifffahrt

Vom Wasser aus ist der Staffelsee am schönsten. Daher empfiehlt es sich, mit der „MS Seehausen“ in See zu stechen. Das geht von Seehausen über Murnau-Achele und Uffing in Rundfahrten. Eine vollständige Fahrt dauert etwa 70 Minuten. Das Schiff bietet 270 Menschen Platz, der beste Blick ist natürlich vom Oberdeck. Man hat hier alles: Essen, Trinken und WC.

Seit 2019 gibt es zusätzlich die „MS Staffelseerin“, die etwa

70 Personen mitnehmen kann. Sie ist das einzige Elektro-Solar-Fahrgastschiff in Bayern und dampft bei guten Wetterbedingungen und Geschwindigkeitsreduzierung nachhaltig nur mit Sonnenenergie über den See. Mit Sicherheit eine romantische Erfahrung macht, wer an den Mondscheinfahrten mit Livemusik teilnimmt. Da gibt es zum Beispiel einen thailändischen Abend mit *Lemongrass* oder es begleiten die *Freebeer & Chicken* durch eine „Karibische Nacht" oder *Boarisch Bluad* spielt bayerische Töne.

Seehausen, Im Hinterfeld 8
☎ 08841 628833
www.Staffelsee.org

Schlemmen und Schlafen

Gasthof zum Stern

Historischer Gasthof, gepflegtes rustikales Ambiente, regionale bayerische Küche. Beim Probeessen gab es eine bayerische Fischsuppe oder Staffelseehechtfilet vom Grill auf Lauchbett mit Schlosskartoffeln oder ein Safranrisotto mit Flusskrebsen oder

auch zarten Lammbraten und gesottenen Tafelspitz. Kurzum: Da schmeckts richtig!
Gäste können auch im Hotel einchecken, die Zimmer sind unterschiedlich groß, solide und gut ausgestattet. Das reichhaltige Frühstück wird gerne lobend erwähnt.

Seehausen, Dorfstraße 2
☏ 08841 3304
www.stern-seehausen.de

Sporerhof

Der Hof mit seinem gewaltig-schönen Blumenschmuck ist allein schon eine Erholung für die Augen. Die fünf Ferienwohnungen sind zauberhaft. Am „bsondrigsten“ ist das Ferienhäusl, das mit Wohnküche und Südterrasse einlädt. Schier ein bisserl verwunschen wirkt das Traditionshaus (errichtet 1860). Die Räume sind supergut ausgestattet und alles ist rollstuhlgerecht.
Übrigens: Käthe Kruse, die berühmte Puppenmacherin, war auch manchmal am Sporerhof auf Sommerfrische, denn der Hof war einer der ersten, der Ende des 19. Jahrhunderts im Blauen Land Gäste beherbergte.

Seehausen, Mauritiusstraße 8
www.sporerhof.de

Campingplatz Halbinsel Burg

Der Naturcampingplatz liegt zwischen Seehauser und Murnauer Bucht auf einer Halbinsel. Ein ruhiger Ort, idyllisch von Wasser umgeben. Allerdings gibt es keine Platzreservierungen und es sind auch keine Dauerstellplätze mehr zu vergeben. Das heißt, man muss schon etwas Glück haben, wenn man in der Hauptsaison ein zauberhaftes Plätzchen ergattern will. Als beste Anreisezeit ist darum der Vormittag zu nennen. Hundebesitzer dürfen leider ihre Vierbeiner in dieses – mit Ausnahme des Novembers – ganzjährig geöffneten Camperparadies nicht mitnehmen.

Natascha Schuster
Seehausen, Burgweg 41
www.camping-staffelsee.de

UFFING

STAFFELSEE

Malerische Flusslandschaft bei Uffing

Uffing am Staffelsee ist eine einzige Sommerfreude. Der Ort an der Nordspitze des Staffelsees macht noch immer das gleiche schöne Gefühl wie damals, als die Tapeten noch groß gemustert waren, Afri Cola neu war und Papa mit seinem nigelnagelneuen Kadett die Familie zum Baden fuhr. Der Staffelsee mit seinem gesunden und moorhaltigen Wasser und seinen weiten unbebauten Seeufern ist „ein Paradies für Naturfreunde und Einsamkeitssuchende", so beschreibt es heute die Tourismusorganisation. Das mit der Einsamkeit kann stimmen, muss aber nicht. Viele Münchner – und sicher nicht nur die – haben von hier schöne Erinnerungen an Zeltlager und Sommergaudi mitgenommen. Und, so schön: Die Sommerfreuden gibt es immer noch. In den beiden Strandbädern „Gemeindebad" und „Alpenblick" kann man das Leben genießen. Die Gemeinde Uffing am Staffelsee setzt sich aus den Ortsteilen Uffing und Schöffau zusammen. Dazu gibt es eine Menge an Einöden und Weilern, die idyllisch liegen.

Die Legende erzählt, dass Uffing zu den Erstsiedlungen der Bajuwaren gehörte. Uffo wäre demnach ein Edler aus dem Stamme der Huosi gewesen und gab dem Ort seinen Namen. 739 wird Uffing erstmals urkundlich nachgewiesen und gehörte von da an bis zur Säkularisation 1803 zum Kloster Benediktbeuern. Also anders als Murnau, das zum Kloster Ettal gehörte.

Schöffau wird erstmals 807 genannt. Der Name habe sich aus der Tatsache entwickelt, dass die Leute aus der Au mit dem Schiff zur Kirche auf die Insel Wörth gerudert waren, aus den „Schiffsauern" wurden die Schöffauer – so erzählt man sich es. Was in der Geschichte alles sonst noch Bemerkenswertes

St. Agatha in Uffing

passierte, lässt sich im Heimatmuseum erfahren. Oder man macht eine Führung durch den Ort mit und setzt sich in die schmucke Dorfkirche St. Agatha. Hier lohnt ein Blick nach oben auf die barocken Fresken von Sebastian Troger. Auch eine Radtour am See entlang ist zauberhaft. Man muss sich nicht zu sehr anstrengen, es gibt immer wieder einladende Biergärten, die einen nötigen, eine Pause bei einer kühlen Halben im Schatten der Bäume einzulegen.

Anschauen

Heimatmuseum

Im ersten Stock des ehemaligen Feuerwehrhauses befindet sich das Heimatmuseum der Gemeinde Uffing. Ein besonderes Schmuckstück ist das alte Modell, das das Dorf um das Jahr 1706 zeigt. Es gibt eine hübsche Sammlung von Wachsstöckln und Votivbildern, aber auch handwerkliche und bäuerliche Geräte oder für die Vereine

Wachsstöcklsammlung in Uffing

wichtige Erinnerungsstücke aus der Geschichte von Uffing werden gezeigt. Im Erdgeschoss finden immer wieder Ausstellungen von Uffinger Künstlern statt.
Uffing, Hauptstraße 16
Eintritt frei
www.uffing.de/Heimatmuseum.n73.html

Bauer Sepps Märchenbühne

Zauberhaft! Zu Sepp Taffertshofer sagen alle „Bauer Sepp". Er lebt mit seiner Familie auf dem Blaslhof in der Schöffau, hat Pferde und – einen Verlag. Weil er schon immer gerne Geschichten erzählt hat, hat er Kinderbücher geschrieben und darum einen Verlag gegründet. Und weil Kinder ihm gerne zuhören, hat er vor gut 20 Jahren eine seiner Geschichten für ein Puppentheater umgeschrieben und Bauer Sepps Märchenbühne gegründet. Seitdem spielt er zusammen mit seiner Frau Claudia regelmäßig Puppentheater. Inzwischen gibt es die Bauer Sepps Märchenbühne als mobile Einrichtung. Sie werden zu Festen jeglicher Art gebucht und sind im Umkreis in der Region zu finden. Für Kinder ist es höchst aufregend, wenn sie zum Beispiel Maxi, dem verliebten Stier, raten wollen, was er zu tun hat, um seine Liebste zu erobern. Die Stücke werden mit Puppen gespielt, die von der

Künstlerin Christina Dichtl gestaltet werden. Garantiert sind Kinder hellauf begeistert! Auf der Website sind die genauen Spieltermine und Spielorte genannt.

Uffing, Kalkofen 13b

☏ 08846 9215417

www.bauer-sepps-maerchen-buehne.de

Lesetipp

Karl Urban: „Die Tierkinder vom Blaslhof", Bad Griesbach 2018. Geschichten erzählt aus der Sicht von Iwan, dem Hofhund. Besonders die Tierkinder machen ihm ganz schön zu schaffen, treiben sie doch allerhand Unfug. Für Kinder von 3 bis 8 Jahren mit Zeichnungen von Andrea Backhaus.

Baudenkmal Freskenhof

Man sollte mal vorbeigeradelt sein … Der Freskenhof ist zwar nur von außen zu bewundern, aber das ist einfach sehenswert. Die Restauratoren Toni und Renate Mack haben das Baudenkmal von 1762 wiederhergestellt. Es ist ihr Lebenswerk. Die Familie hat hier, unweit der Pfarrkirche St. Martin, ihr Atelier eingerichtet. Außerdem lohnend in Eglfing: das Barockkircherl Maria im Thal oder der Hof in der Talstraße 19.

Und dann wartet noch ein ganz besonderer Spielplatz – prämiert mit dem Bayerischen Staatspreis als Modell für einen gelungenen, natürlichen Spielplatz.

Eglfing, Hauptstraße 12

☏ 08847 315

Heimatmuseum Eglfing

Das Heimatmuseum der Gemeinde Eglfing bietet eine interessante Sammlung an bäuerlichem Inventar, Erntegeräten, Gewändern, Handwerkszeugen, historischen Fahrrädern, Maschinen, Feuerwehrausstattungen, Kutschen bis hin zu alltagsgebräuchlichen Gegenständen. Zusammen mit dem Freskenhof ergänzt sich diese Sammlung auf anschauliche und sehr unterhaltsame Weise.

Eglfing, Hauptstraße 14

☏ 08847 6174

Schlemmen und Schlafen

Seerestaurant Alpenblick

Wer hier nicht war, wirds immer bereuen. Das Restaurant-Café Alpenblick bietet – nomen est omen – den besten Blick über Alpen und See. Und freilich auch eine ausgezeichnete regionale Küche. Küchenmeister Michael Bott darf den Titel „Euro-Toques Chefkoch" führen. Das ist eine internationale Vereinigung, die sich als Bewahrer europäischer Ess- und Lebenskultur versteht. Aufgenommen wird nur, wer sich verpflichtet, frische natürliche Zutaten ohne Geschmacksverstärker, chemische Zusätze oder genmanipulierte Erzeugnisse zu verwenden.

Michael Bott hat den Alpenblick von seiner Mutter übernommen. Die wiederum führte das Lokal gut 30 Jahre. Und rettete es als mutige Pächterin zusammen mit der Gemeinde vor Bauinvestoren, die den Grund mit einer Bettenburg bebauen wollten. Freilich ist das eine Idee – halt

keine gute. Der Platz war schon um die 1900er-Jahre gefragt. Damals gab es Badehäuschen, also ins Wasser gebaute Hütten, wo verschämt geplanscht wurde. Die wenigsten Leute konnten damals schwimmen. Heute ist das anders. Wer mag, kann vom Biergarten des Alpenblick aus zuschauen, wie sie nebenan im nostalgischen Strandbad vom Holzsteg ins Wasser hupfen, oder selbst in den See eintauchen. Wer die Perspektive mal ändern will, leiht sich ein Boot.

Der Biergarten ist ein „Ganzjahresbiergarten". Nur wenn es schneit, ist er geschlossen. Sonst kann man immer draußen sitzen und dem Herrgott danken, dass es da so schön ist. Im Sommer gibts Hendl vom Grill und dazu ein frisch gezapftes Bier. Besonders ist das Weineck, eher ungewöhnlich im Biergarten, und das Restaurant bietet ohnehin eine formidable Speisekarte.

Uffing, Kirchtalstraße 30
☎ 08846 9300
www.seerestaurant-alpenblick.de

Gasthof Lieberwirth

Prächtig, prächtig, die Außenfassade. 1785 angebracht, steht sie jetzt unter Denkmalschutz. Der traditionsreiche Gasthof wurde

bereits im Jahr 1672 erstmals erwähnt. Seit Generationen gehört eine Landwirtschaft dazu – auch die Wirtsleute heute halten es noch so. Im Gasthof gibt es einen großen Festsaal, der für viele Veranstaltungen wie Hochzeiten, Geburtstage, Heimatabende und Theateraufführungen dient. Zusätzlich werden einfache, aber gute Zimmer zum Übernachten angeboten. Vorm Haus sitzt man fein und kann deftig essen. Schweinsbraten mit Knödel zum Beispiel … Es ist auf dem Land! In der Landwirtschaft. Da fliegt schon mal 'ne Fliege vorbei. Aber griabig is!

Schöffau, Dorfstraße 8
☎ 08846 663
www.gasthof-lieberwirth.de

Biohof Rechenmacher

Liebe Eltern, das ist ein Kinderparadies! Schaukeln, Hüpfen, Rutschen, Klettern (an der Kletterwand im Dehner, mit Mat-

ratzen gesichert Abseilen oder Raufhangeln), (Tret-)Bulldogfahren – grad wie es beliebt, alles geht. Und weil Eltern damit ihre Ruhe haben, können die Urlaubstage hier unglaublich schön werden. Oberhalb vom Hof bietet die Familie auch einen Stellplatz für Camper an. Zelten geht da nicht, aber die Campingwagen stehen gut hier und der Blick aufs Panorama ist herrlich. Im Hofladen kann man sich selbst versorgen. Da gibt es auch einen Kaffeevollautomaten, gekühlte Getränke, Eis, Marmeladen. Besonders feiner Service: der Frühstückskorb, täglich vor die Haustür gestellt.

Schöffau, Sallach 1

☎ 08846 357

www.rechenmacherhof.de

Dopferhof

Der Hof liegt außerhalb von Uffing, Richtung Eglfing. Wunderbarer Blick mal wieder. Lebensmittel werden direkt im Hofladen verkauft. Am Dopferhof begann alles mit einem Milchautomaten, den Bauer Sepp Hirschvogl aufgestellt hat. Man kann also einfach mit seiner Millibitschn oder einem Tuppertopf Milch per Knopfdruck zapfen. Aber Hirschvogls haben nicht nur Milchkühe, sondern auch eine einmalige Schweinezucht. Und Bäuerin Barbara Hirschvogl kocht Rind- oder Schweinefleisch ein, als Sauce Bolognese oder Gulasch, füllt das in Gläser und packt sie in den Kühlautomaten. Da gibt es auch Grillwürste oder Fleisch. Höchst beliebt bei selbstversorgenden Urlaubern in Ferienwohnungen oder Zimmern. Und auch bei den Einheimischen. Seit Kurzem gibts auch einen Hofladen, der hat Freitagvormittag frisch gebackenes Bauernbrot im Angebot.

Uffing, Eglfinger Straße 18

☎ 08846 499

www.dopferhof.de

Camping Aichalehof

Der idyllische und ruhig gelegene Campingplatz ist eingebettet in das weitläufige Landschaftsschutzgebiet Staffelsee und Umgebung. 6 Hektar groß grenzt er an das Naturschutzgebiet „Westlicher Staffelsee". Auf dem weitestgehend naturbelassenen Gelände befinden sich 300 Jahresstellplätze und 120 Touristikplätze. Diese sind weitestgehend parzelliert, zum Teil befestigt (Schotterrasen) und verfügen über Stromanschluss (CEE-Stecker). Der Campingplatz ist der ideale Ausgangspunkt für Wander- und Radtouren durch die zauberhafte Gegend des Alpenvorlandes.

Uffing, Aichalehof 4

☎ 08846 211

www.aichalehof.de

Biergarten im Gemeindebad

Das Freibad bietet einen Biergarten mit einem Kiosk und einer feinen Imbiss- und Brotzeittheke sowie Eisverkauf. Dazu gibt es hier zum Auspowern einen Spielplatz, ein Wassertrampolin, Möglichkeiten zum Beachvolleyball, Tischtennis und Schachspielen. Das Gemeindebad hat großzügige, teilweise auch schattige Liegewiesen – und der Weg führt im Strandbad über drei Stege direkt ins Wasser … Und das bei sehr moderaten Eintrittspreisen.

Uffing, Seestraße 53

Parkplatz direkt daneben

Öffnungszeiten:

täglich 9–19 Uhr

☎ 08846 914311

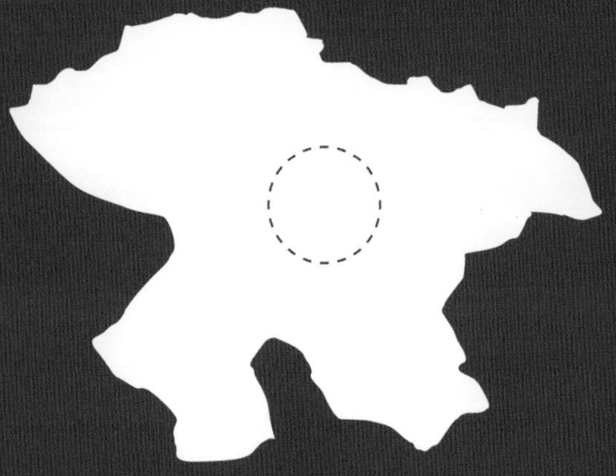

RIEGSEE

Lesetipp

„Die Barfußbande und die geklaute Oma“ oder „Juni und der Honigdieb“ sind heißgeliebte Kinderbücher, die der Autor Jörg Steinleitner schuf. Er ist aber genauso der Erfinder etwas schräger, aber genauso unterhaltsamer Regional-Krimis. Anne Loop und Felix Ambach ermitteln inzwischen in eigenen Reihen. Ob „Räuberdatschi“ oder „Hirschkuss“ – als Hörbuch auch sehr empfehlenswert.

Jörg Steinleitner

Vom Schriftsteller zum Bürgermeister

Es war ein Zufall, dass Jörg Steinleitner 2008 in Riegsee landete. Der im Allgäu geborene Schriftsteller hatte eigentlich im Münchner Glockenbachviertel seine Heimat gefunden. „Doch dann hatten wir plötzlich drei Kinder und die 75-Quadratmeter-Wohnung war zu eng. Da sagten wir uns: Entweder mitten in der Stadt oder richtig auf dem Dorf." Seither leben die Steinleitners in einem 200 Jahre alten Bauernhof in Wurfweite des Sees. Ursprünglichkeit und Bodenständigkeit des Riegsees inspirierten den Autor bereits zu mehreren humoristischen Kriminalromanen, der unter dem Pseudonym Felix Tanner verfassten Sommerkomödie „Gummistiefelyoga" und vier Kinderbüchern, die im „bayerischen Bullerbü" spielen. Im Mittelpunkt der Barfuß-Banden-Serie steht eine Kinderbande, die sich mit erfrischender Kreativität, selbst erfundenen Spielen und natürlich barfuß die Zeit vertreibt und nebenbei noch höchst unterhaltsam Kriminalfälle aufklärt. „Ich wohne nicht nur wegen unseres herrlichen Blicks über den See hinweg auf das Zugspitzmassiv sehr gerne in Riegsee", verrät der Schriftsteller, „sondern auch wegen der einmaligen Kombination aus Traditionsbewusstsein, Innovationskraft und Weltoffenheit, mit der die Menschen in unserer Gemeinde leben und arbeiten." Dass die Riegseer grundsätzlich einmal jeden willkommen heißen, merkt man auch daran, dass sie Jörg Steinleitner 2020 zu ihrem Bürgermeister wählten.

Jörg Steinleitner lebte in Paris und Peking. Ehe er Schriftsteller und Dorfbürgermeister in Riegsee wurde, war er Anwalt. Seine Lesungen für Kinder und Erwachsene sind kleine, multimediale Shows mit hohem Unterhaltungswert. Jörg trifft man auch gerne mal am Ufer des Riegsees.

Der See

Der Riegsee und sein Ufer stehen unter Landschaftsschutz. Die nördliche Bucht mit dem angrenzenden Schilfgebiet ist Vogelschutzgebiet, dort darf keiner mit Booten einfahren oder sich irgendwie anders dort bewegen. Der See selbst ist 190 Hektar groß und maximal 15 Meter tief. Er wird wohl in den nächsten Jahrhunderten verlanden: Vor allem im nördlichen Teil hat sich bereits eine breite Zone gebildet, an der sich Schneidried- und Großsegge, aber auch Gehölze wie Birke und Schwarzerle ansiedeln. Diese Verlandungsvegetation ist Lebensraum vieler seltener Pflanzenarten, aber auch Brutgebiet und Lebensraum von Wasservögeln und Röhrichtbrütern wie Teichrohrsänger, Blässhuhn oder Haubentaucher. Ähnliches gilt für Fische, die solche Verlandungszonen als Laichgebiete und Lebensräume benötigen.

Damit das empfindliche Gleichgewicht der Natur nicht weiter gestört wird, werden keine neuen Straßen mehr angelegt. Naturfreunde können aber auf Feldwegen die Natur erleben. Allerdings gilt es, wirklich auf

Blick von der Aidlinger Höhe auf Aidling und den Riegsee.

den Wegen zu bleiben. Es kann lebensgefährlich werden, sich abseits zu bewegen. Es gibt kleine schwimmende Niedermoore oder Bruchwaldinseln im Riegsee, die nicht mit dem Boden verbunden sind. Denn nach Stürmen und Wasserspiegelschwankungen löst sich der Verlandungsgürtel, es entstehen kleine Inseln, die einschließlich ihres Baumbestands abtreiben und am Ufer anstranden. Das Betreten solcher Inseln ist lebensgefährlich, da der Untergrund nicht stabil ist und man einsinken und sich eventuell nicht mehr befreien kann.

Der Ort

Riegsee ist ein idyllisches Dorf am Ostufer des Riegsees, die Dörfer Aidling und Hagen sowie die Weiler Perlach, Leibersberg, Höhlmühle, Lothdorf, Guglhör und Mühlhagen gehören als Gemeindeteile dazu. Aidling liegt auf einer Höhe, der Aidlinger Höhe, und bietet einen Blick wie von einer Aussichtsterrasse. Guglhör wiederum besteht aus einer Bergwirtschaft, zu der man auf einem angenehmen Weg wandern kann. Die Ausblicke auf See und Berge sind einfach erfreulich.

Das Wasser vom Riegsee scheint klar und ruhig, bei heiterem

Wetter spiegelt sich die Silhouette des Dorfs wie ein Gemälde auf der Oberfläche.
Die Attraktion von Riegsee ist der Riegsee. Er ist einer der wärmsten Seen Bayerns. Wasserratten können alles tun, was Spaß macht: planschen, SUPpen und drumherum spielen.
Riegsee ist die perfekte Destination für Menschen, die es ruhig und schön wollen, die die Berge lieber anschauen als besteigen und gern mit dem Radl die Landschaft erkunden. Es führt eine Vielzahl von Feld- und Wanderwegen um den See. Und überall tun sich herrliche Aussichtspunkte auf. Etwa zwei Stunden braucht man zu Fuß, wenn man rundum laufen will.
In Riegsee macht man Ferien auf dem Bauernhof, findet gute Ferienwohnungen oder man zeltet auf modernen Campingplätzen direkt am See.

Geschichte

Der Ort Riegsee wird erstmals 1150 urkundlich erwähnt. Es gibt aber Vermutungen, dass er deutlich älter ist und es sich vielleicht sogar um eine uralte Pfahlbausiedlung handeln könnte. Vor ungefähr 6000 Jahren bauten erstmals Menschen im nördlichen Alpenvorland Dörfer an die Ufer von Seen. Pfahlbauten sind heute Welterbe. Das wäre eine Sensation, doch Beweise gibt es dafür nicht. Ein wichtiger Fund ist das sogenannte Riegsee-Schwert, ein Vollgriffschwert, das der Bronzezeit zugeschrieben wird. Ein bajuwarisches Reihengräberfeld am nördlichen Ortsrand und Reste eines altromanischen Baus unter der St.-Stephanus-Kirche weisen auch darauf hin, dass sich der Ort früher als erst im 12. Jahrhundert entwickelt hat.

◉ Anschauen

St. Stephan

Der Bau der Kirche stammt wohl hauptsächlich aus dem 15. Jahrhundert, der spätgotische Bau wird später barockisiert ausgestattet. Es gibt einige beachtenswerte Skulpturen und Fresken. Die Ganzkörperreliquie des Heiligen Generosus ist allerdings unbedingt sehenswert. In der Chorwand ist der gläserne Schrein eingelassen, der Leichnam „verschwenderisch aufgeprunkt mit Stein und Strass“, wie es in der Chronik heißt. 1749 hat ein Riegseer Bauernbursch diese aus der Calixtus-Katakombe in Rom geborgen und mit einem Echtheitszertifikat nach Riegsee gebracht. Es war damals schon ein Invest, 500 Gulden kostete offenbar der Schrein, denn über diese Summe jammerte der Pfarrer von Riegsee, die er für die Arbeiten ausgegeben hatte und die wohl nicht ausreichte. Im 20. Jahrhundert landete dieser Schrein aus Platzgründen auf dem Speicher. Nach langer Zeit des Vergessens wurde er vor einigen Jahren wieder gefunden und restauriert.

Hörenswert sind die Glocken, die im Turm zum Gebet läuten. Stephanus-, Krieger-, Marien-

Haarige Revolution in Aidling

2023 ist es bei der Gau-Frühjahrsversammlung gelungen, die Satzung der Oberländer Trachtenvereinigung zu modernisieren. Ein mutiger Akt, der von den Mittenwalder Trachtlern ausging. Bisher durften bei Veranstaltungen wie dem Gau-Singen Mädchen nur mit aufgesteckten Haaren auftreten. Diese Regel hatte beim Gau-Jugendsingen im Oktober 2022 für Wirbel gesorgt, weil somit eine Musiklehrerin mit kurzen Haaren nicht zusammen mit zwei Harfenspielerinnen auf der Bühne stehen konnte. 81 Prozent der Gau-Ausschussmitglieder stimmten nun für die Neuerung. In Zukunft muss nun das „Auftreten der Teilnehmer“ bei den Gesangsaufführungen nur mit den Zielen und dem Vereinszweck von Gau sowie Heimatverein vereinbar sein.

und Angelusglocke wurden 1953 nach dem Krieg wieder gegossen. Kunsthistorische und geschichtlich wertvoll ist die Kreuz- und Wetterglocke mit Darstellungen Petrus und Paulus, Floria und Sebastian. Sie stammt aus dem Jahr 1791 und musste wie überall in Deutschland zu jener Zeit im Zweiten Weltkrieg abgegeben werden, um als Kriegsmaterial eingegossen zu werden. Aber sie kam bis Hamburg, wurde dort irgendwo vergessen und kehrte nach dem Krieg unversehrt nach Riegsee zurück. In der Kriegszeit blieb nur die kleine Glocke, die Josephs- und Sterbeglocke, im Turm hängen.

Aidling

Sehenswertes und schöner Blick! Der Ort wird 748 erstmals erwähnt – in einer Urkunde des Klosters Benediktbeuern. Anfang des 13. Jahrhunderts stand am Nordhang der Aidlinger Höhe die Burg Lichtenegg der Grafen von Eschenlohe. Davon gibt es nur noch den Hügel, auf dem sie wohl einst stand.

Die spätbarocke Dorfkirche ist dem Heiligen Georg geweiht und einen Besuch wert. Sie steht malerisch, umgeben von einem Friedhof, auf einer kleinen Anhöhe mitten im Dorf. Das Altarbild zeigt (wie im Ähndl auf der anderen Seite vom See) den Heiligen Georg, der mit dem Drachen kämpft. Ein Kunstjuwel ist die Rosenkranzmadonna (um 1650), die gleichsam vom Chorbogen in den Raum zu schweben scheint. Von der Anhöhe hinter dem Dorf hat man einen zauberhaften Blick auf bayerisches Idyll. Von Aidling aus zum Forsthaus Höhlmühle kann man eine wunderbare Wanderung unternehmen, schaut auf den Riegsee, das Murnauer Moos und das Alpenpanorama. Einkehrmöglichkeiten finden sich, allerdings war das Forsthaus Höhlmühle lange geschlossen. Wie es weitergeht, ist aktuell am besten in der Tourismusinformation zu erfragen.

Hagen

Die Dorfkirche St. Blasius stammt in Teilen aus spätromanischer Zeit, ihr heutiges Erscheinungsbild ist jedoch weitestgehend ein Neubau aus dem 18. Jahrhundert. Der schriftlichen Überlieferung nach gibt es den Ort Hagen seit 1177. Ein Burgherr wird darin genannt. Sein Sitz existiert nicht mehr. Das Hagener Moos an der Loisach ist ein Ausläufer des Murnauer Mooses.

Schlemmen und Schlafen

Ferienwohnungen Mayr

Georg und Veronika Mayr haben ihren Hof sehr sauber beieinander – also auf Hochdeutsch: tippitoppisuper. Morgens frisch ins Wasser hupfen, dann unter freiem Himmel frühstücken und danach auf der großzügigen Liegewiese am Seeufer im Liegestuhl dem Herrgott danken für so viel Schönes. Oder ihm auf einem Berg entgegensteigen, der von hier aus gut zu gehen ist.

Riegsee, Seestraße 3
☎ 08841 9812
www.mayr-riegsee.de

Meßmerhof

Rund um den Riegsee gibt es vor allem Ferienwohnungen. Besonders gut ausgestattet sind die vom Meßmerhof. Und der wiederum hat eine wunderbare Aussicht und liegt traumhaft allein, hat sogar einen eigenen Badeplatz am See.

Riegsee, Hofheimer Straße 10
www.messmerhof.com

Campingplatz Brugger

Große 4-Sterne-Campinganlage mit Stellplätzen direkt am Riegsee. Es gibt unterschiedlichste Kategorien an Standplätzen: Panoramaplätze, Seenähe- oder Standardplätze. Auch Dauercamper sind willkommen. Eine eigene Solarwärmeproduktion, Einsatz von Wasserspartechnik und das Aufstellen von Nistkästen für Brutvögel sind nur einige der Eco-Maßnahmen, die dieser Platz vorweisen kann.

Spatzenhausen-Hofheim, Seestraße 2
☎ 08847 728
www.camping-brugger.de

Einkehr Brugger Hütte

Der Rundwanderweg führt direkt dran vorbei: am Campingplatz und seiner Einkehr. Es gibt keinen, der meckert – wenn man das Ambiente so deftig und urig

Murnau-Werdenfelser Rind
Das sind noch glückliche Kühe, Ochsen, Kaibe und Stier, die hier auf den saftigen Weiden und blühenden Almwiesen leben. Es ist eine robuste alte Rinderrasse. Die Tiere bekommen geschmackvolle Wildkräuter und saftige Gräser vors Maul, die Fütterung erfolgt auch im Winter rein natürlich und ist garantiert frei von leistungssteigernden oder gentechnisch veränderten Zusätzen. Und wenn sie dann den Menschen ihr Fleisch liefern, dann haben sie keine schlechte Zeit gehabt.

www.murnauwerdenfelser.de

aushält. Die Bedienung ist auch zum seltsamsten Gast freundlich. Zum Essen gibts für jeden was. Am Freitag werden Grillhaxen (nur auf Vorbestellung) angeboten, am Samstag serviert man bei schönem Wetter Steckerlfisch.

Spatzenhausen-Hofheim,
Seestraße 2
☏ 08847 69 92 75

Beim Kramer

Obst, Gemüse und alle Artikel des täglichen Bedarfs gibt es hier. Aber vor allem ist der Kramerladen von Hildegard Bernhard und Susanne Binder der Dreh- und Angelpunkt im Dorfleben. Es gibt auch eine Café-Ecke und der kleine Ratsch über Bio oder nicht Bio, was grade gut schmeckt in der Saison und woher es aus der Region ist, ist unterhaltsam.

Riegsee, Dorfstraße 35

☎ 08841 6286663

Bergwirtschaft Guglhör

Die Bergwirtschaft Guglhör liegt auf einem Höhenrücken zwischen dem Riegsee und der Loisach. Von Riegsee aus startet man am besten am Froschhauser See am Parkplatz und folgt der Schilderung „Guglhör“ oder „Bienenprüfhof Guglhör“. Alternativ nimmt man den Wanderparkplatz Leitenweg. In Murnau führt der beschilderte Guglhör-Rundweg zu dem Gasthof mit Biergarten. Es kann schon recht zugehen da oben, aber der Blick ist auch wunderbar und kann frei über das Loisachtal zum Hochberg, Heimgarten und Herzogstand schweifen. Ein bisserl über 1 Stunde dauert der Fußmarsch über hügelige Wiesen und Weiden bis zu dem idyllischen Gasthaus. Die meisten nehmen den gleichen Weg zurück.

Riegsee, Guglhör 1

Öffnungszeiten:

Mi–So ab 11 Uhr, bei unsicherer Wetterlage bitte anrufen

☎ 08841 6260022

www.dasblaueland.de/gastro/bergwirtschaft-guglhoer

Bräuche im Blauen Land:

Leonhardifahrt in Froschhausen

Wenn das Bauernjahr zu Ende geht, wenn die Ernte eingefahren ist, wirds Zeit. „Auf Leonhardi muss alles gerichtet sein", heißt es dann im bayerischen Voralpenland. Das Geschirr geputzt, die Pferde geschmückt und ihre Mähnen hübsch geflochten, die Truhen- und Tafelwagen mit Girlanden und Moos herausgeputzt. Manche nennen den Leonhardi-Tag auch den „Tag des bayerischen Herrgotts". Damit ist eines klar: Der 6. November ist ein sehr bayerischer Tag und gehört zum festen Jahresablauf.

Und: Es kann eisigkalt sein Anfang November. Wer bei solch einer Fahrt dabei sein darf, muss früh aufstehen. Lange bevor das Licht von Osten langsam die Bergkette erhellt. „Das machen wir für uns", sagt Jakob Miller, Bauer vom „Seppenjackl-Hof". Die ganze Arbeit, die in der Vorbereitung zur alljährlichen Leonhardifahrt steckt, wäre auch kaum zu bezahlen.

Die Männer sind im Stall, im Haus richten die Frauen das „Gwand", also die Tracht, her. Die Männer reiten oder führen später die Pferde, die Frauen sitzen in alter Tracht auf den geschmückten Tafelwagen. „Wir in Froschhausen fahren nur am 6. November, egal welcher Wochentag." Es ist schließlich eine Wallfahrt. Aus Aidling und Hagen, aus Ohlstadt oder Spatzenhausen, von Höhlmühle, Lothdorf, Guglhör, Perlach, Mühlhagen, Söchering und Egelfing – aus jedem Ort kommt ein Wagen zur Kirche in Froschhausen gefahren.

Mehr als 1000 Gäste erwartet man an der Kirche St. Leonhard in Froschhausen. Es ist ein schlichter Bau gotischen Ursprungs, der Innenraum hat eine prächtige Spätrokokoausstattung. Die Freiwillige Feuerwehr stellt davor Bierbänke auf und ein Zelt. Und vor allem die großen Wurstkessel. Denn jeder Teilnehmer bekommt nach der Fahrt eine Brotzeit: eine Wurst, eine Brezn und eine Maß Bier.

Die Bauernfamilien haben an vielen gemeinsamen Abenden alles vorbereitet. Es ist eine Ehr, dabei sein zu dürfen. Der Zusammenhalt machts. Jakob Miller wird den Vierspänner führen, gezogen von stolzen Rappen und Füchsen. Vier Kaltblüter sind es. Eine der Frauen wird kunstvolle Zöpfe in die Pferdeschwänze flechten. Sechs Wochen vor der Fahrt wurden schon Daxen geschnitten, die die Frauen zusammen mit den Nachbarinnen zu Girlanden binden, um damit die Wagen aufzuputzen. Es sind kunstvolle Gestecke aus weißem und rotem Moos, aus Wacholder, Almenrausch und Waxlaaber (Stechpalme). Es ist gar nicht so leicht, die Gestecke so zu binden, dass die schönen Seiten der Blätter in die richtige Richtung zeigen. Früher hatte jeder Hof seine eigenen Ornamente. Alles hatte seine Bedeutung.

Sankt Leonhard
Die Leonhardifahrt ist eine Wallfahrt zum Heiligen Leonhard. Der ist eigentlich der Schutzpatron für alle Gefangenen und wurde daher oft mit einer Kette dargestellt. Wegen dieses Requisits sah man den Heiligen dann im Laufe der Zeit auch als Beschützer von Rindern und Pferden. In Bayern werden die meisten Leonhardifahrten zwischen Landsberg und Traunstein unternommen. Darüber hinaus ist dieser Brauch nicht verbreitet. Das Umfahren der Kirche hat seine Wurzeln wohl in vorchristlichen Riten. Vom Umkreisen der Kultstätte erhofften sich die Menschen, dass die Kraft des heiligen Orts auf die Bittenden überspringt.

In alten Büchern ist nachzulesen, was welche Symbolik hatte – vor Jahrhunderten. Pferde, Sättel und Zaumzeug werden noch immer mit frischen roten Blumen oder Bändern dekoriert. Mähne, Stirnhaar und Schweif der Pferde werden kunstvoll mit Blumen und Bändern verflochten. Die blutrote Farbe, so glaubte man mal, hält Dämonen fern. Auch das Geschirr der Pferde muss glänzen wie ein Spiegel. Der Kamm verhindert, dass Hexen nachts auf den Rössern reiten, die Haare verfilzen und so Krankheiten anziehen. Im Spiegel des glänzenden Geschirrs erschrecken Dämonen vor ihrem eigenen Anblick und suchen das Weite. Manchmal wird noch ein Dachsfell am Geschirr aufgebunden, das hält genauso die bösen Geister fern. „Auch wenn wir heute vieles nicht mehr wissen oder es halt auf die Art machen, wie es in unserer Zeit geht“, sagt Miller, „wir fahren auch nicht für ein Antrittsgeld“. Manche Ferienorte zahlen ihren Bauern ein Honorar, dass sie für die Touristen fahren.

Beim Umritt fahren Millers im Tafelwagen. Der Tafelwagen ist eine Kutsche, in der sich die Frauen auf den Längsseiten gegenübersitzen. Die Truhenwagen sind Wagen, deren Außenwände mit Bildern aus dem Leben des Heiligen Leonhard bemalt sind. Darin sitzen die Frauen hintereinander gereiht. Im Blauen Land tragen die verheirateten Frauen das Kirchen-

Leonhards Verehrung in Bayern, Deckenfresko von Ignaz Baldauf in der Wallfahrtskirche Inchenhofen, Landkreis Aichach-Friedberg

gwand, im Miedergwand fahren die Unverheirateten mit.

Und dann gibt es noch die Reiterinnen und die Goaßlschnalzer. In der Ferne sieht man den Standartenträger durch den Frühnebel reiten. Ein schier mystisches Bild, eines, das in der Seele bleibt. Männer mit der Tuba in der Hand laufen den Feldweg hinauf zum Sammelplatz. Goaßlschnalzer schlagen sich ein. Junge Mädel schwingen sich aufs Pferd und rücken ihre Hüte keck in den Nacken. Die Frauen haben im Korb Dosen mit Gebäck und Schnapsflaschen dabei. „Der Kittelschnaps heißt so", wird erklärt, „weil wir die kleinen Flaschen unter unserer Schürze hervorholen. Es ist ein einfacher Klarer." Den gibts aber erst nach der Fahrt: Auf dem Weg zur Kirche wird der Rosenkranz gemurmelt.

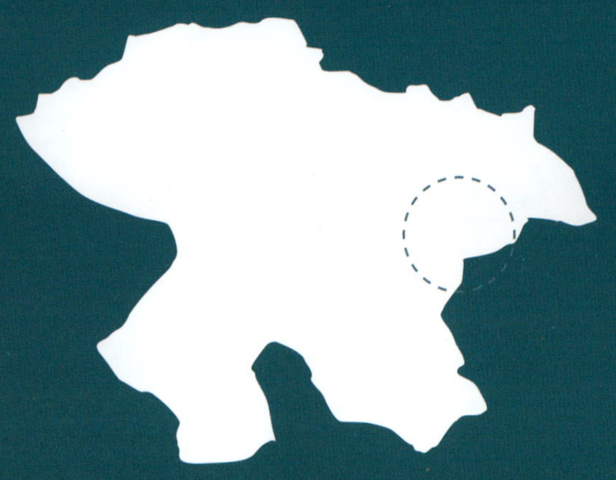

GROSSWEIL

Die Gemeinde Großweil gibt es schon viele Jahrhunderte, erstmals geschichtlich erwähnt ist das Dorf um das Jahr 1060. Heute gehört es zur Verwaltungsgemeinschaft Ohlstadt. Geprägt war Großweil durch die Flößerei auf der Loisach. Die Flöße waren der Lkw-Verkehr des Mittelalters. Im 18. Jahrhundert legte man einen Triftkanal an, der durch das Moos führte. Gegen Ende der 1920er-Jahre wurde die Flößerei eingestellt und zur Erinnerung an sie beim Bau der Loisachbrücke 1970 das Flößerdenkmal errichtet. Wenn es trockenes Wetter hat, eignete sich die Strecke entlang des alten Triftkanals für eine wunderbare Radtour.

Ein weiterer Erwerbszweig war die Schleifsteinindustrie. Seit etwa dem 16. Jahrhundert wur-

Das Rathaus von Großweil (links) und das Naturfreibad der Gemeinde.

den am Nordufer der Loisach an der Steinbruchleiten Schleifsteine gebrochen und in Handarbeit auf die richtige Form gedreht. Oder es wurden aus den Steinen Wassertröge gehauen. Dank der Flößerei lieferte man diese und die Wetzsteine bis nach Ungarn. Großweil hat heute eine ganz große Attraktion: die Glentleiten. Aber man kann hier auch echt gut schlemmen und schlafen – und baden: Das Naturfreibad in Großweil bietet eine wunderbare Liegewiese und einen tollen Kinderspielplatz. Es gibt einen Steg und eine Schwimminsel im Wasser, dazu Rutschen. Die Liegeflächen am kleinen Weiher laden zum Chillen ein. Aber: Es gibt keine Badeaufsicht. Also Eltern müssen mit!

extra

Glentleiten: Zeitreise

durch viel frische Luft und altes Bayern

Als Ort hätte man sich wohl kaum einen passenderen Platz suchen können, um an Bayern und seine ländliche Kultur zu erinnern: Der Blick auf Kochelsee und Berge, die manchmal nebelbedeckten Talgründe, die weiten Blumenwiesen – so war Bayern wohl mal, bevor es sich zur Schönheit der Natur auch wirtschaftlich schön entwickelte. Man fährt „auf d' Glentleiten", denn das Wort „Leiten" heißt im Bairischen nichts anderes als „Seite, Abhang". Die Glentleiten ist das größte Freilichtmuseum Südbayerns. 60 Gebäude wurden irgendwo in Bayern abgetragen und dann auf dem Museumsgelände wieder aufgebaut. Die Häuser sind es, die das Besondere ausmachen. Sie erzählen mit ihrer Einrichtung aus den vergangenen Zeiten und zeigen, wie die Baukunst mit ihren regionalen Unterschieden durchdacht und gepflegt worden war, bevor Bauvorschriften heute schier jedes bayerische Haus im Altholzstil jodeln lassen. Da sind die alten Höfe, wie zum Beispiel der Hoderer-Hof aus Kochel. Er ist das erste im Freilichtmuseum wieder aufgebaute Gebäude. Das Anwesen präsentiert eine idealtypische Hofanlage mit Kornkasten, Back- und Dörrhaus und Bienenhaus. Der einst in Vollerwerbslandschaft geführte Hof wurde 1973 an die Glentleiten übertragen. Die Möblierung des Gebäudes erfolgte nach Befragung der letzten Bewohner und entspricht dem Zustand um 1920. Da ist der Fischerweberhof vom Tegernsee, der bereits seit Ende des 19. Jahrhunderts Zimmer an Feriengäste vermietete. Im Museum sieht man, wie sich in den 1930er-Jahren wohlhabende Gäste samt Personal zur Sommerfrische einquartierten

und wie sich die Familie in den 1960er-Jahren eingerichtet hatte. Neben der Landwirtschaft und der Zimmervermietung gab es beim Fischerweber weitere Einkünfte aus Weberei und Schnapsbrennerei. In Rottach-Egern wurde ein neuer Fischerweber aufgebaut, der gerne als „wie der alte" beschrieben wird. Ist aber durchaus anders und deutlich größer, mit umlaufendem Balkon, ohne Weberei, aber wieder mit Schnapsbrennerei. Hier gabs (und gibts jetzt wieder) den berühmten Kerschgeist, für den der Gevatter Tod dem Brandner Kasper mehr Lebenszeit schenkte.

Im Museum erinnert im Zu-Haus daneben noch der Kapellenraum an die besondere Bindung ans himmlische Geschehen. 500 Jahre alt dürfte es sein. Geschnitzte Skulpturen, Klosterarbeiten aus Wachs und Glas, Hinterglasbilder sowie Wallfahrtssouvenirs erinnern an die Zeiten, als Beten noch geholfen hat.

Es sind nur zwei Beispiele von 60 Gebäuden, die hier stehen. Sie stehen in einer nach historischem Vorbild gepflegten Kulturlandschaft, es gibt auch Gärten, Wälder und Weiden. Auf diesen grasen alte Nutztierrassen und es wachsen diverse historische Obst-, Kräuter- und Gemüsesorten.

Und wer über 50 Jahre alt ist, der darf sich mit seinen Kindheitserinnerungen am Museum wiederfinden. Direkt an der Straße hat man eine alte Tankstelle aus Unterwössen wieder aufgebaut. So war es damals, als Papa mit Mama und dem Gummiboot zum Urlaubmachen fuhren.

Großweil, An der Glentleiten 4
☎ 08851 1850
www.glentleiten.de

Schlemmen und Schlafen

Fröhlichs Wirtshaus

Es ist eigentlich der Familienname der Wirtsleute. Beni und Uschi Fröhlich sind seit mehr als zehn Jahren hier die Gastgeber. Aber wer hier fröhlichEs Wirtshaus liest, hat ebenso recht. Ein Besuch macht die Seele leicht. Man kann nur im Biergarten sitzen, das tät schon glangen. Aber in der gemütlichen Wirtsstuben drin kann man saugut essen, zum Beispiel das deftige „Bierkutschergulasch". Das wird vom Riegseer Weideochsen gemacht. Da weiß der Mensch, dass das Tier ein gutes Leben hatte. Und es gibt Wirsingserviettenknödel und feines Apfelblaukraut dazu. Hausgemacht, versteht sich. Und wenn es mal kein Fleisch sein soll, gibts auch immer richtig gute vegetarische und vegane Gerichte sowie vollwertige Dinkelgerichte. Wer beim Essen trainieren will, also die Lachmuskeln, der kommt für die Theaterlust hierher. Die Neuwirtbühne Großweil ist auch überregional bekannt, sie spielt seit über 30 Jahren auf der Bühne im Haus. „D' Schihütten zuaschütten" oder „Häuslschleicha" sind Titel, die zeigen, dass es bayerisch-bäuerlich-odraht zugeht und irgendwie kulturig.

Großweil, Kocheler Straße 4

☎ 08851 5825

www.froehlichs-wirtshaus.de

EFENDI Steak & Meze Lokal

Man könnte es fast übersehen. Das Haus steht am Hang und eigentlich würde man dran vorbeibrausen. Aber wenn man es erblickt hat, dann wird man neugierig und man sollte sofort abbremsen und einkehren. Hier am Ortseingang von Großweil gibt es original anatolische Küche, höchst schmackhaft und richtig gut. „Steak & Meze" heißt es, „Modern Anatolian Cuisine" kündigt es an. Auf kleinen Tellern und Schüsseln werden großartige Speisen aufgetragen. Dazu gibt es einen Spieß aus Bio-Rinderhack vom Lavasteingrill, hausgemachtes Brot, Salat, abgeschmeckt mit Minze, gehackten Walnüssen, Korinthen, Mohn, Auberginen … Exotisch und doch vertraut. Und für die, die sich nicht alles an Gewürzen zutrauen, sorgt der Wirt auch schon mal mit Pizza und Nudeln. Aber das wär echt zu schad, nur das zu nehmen.

Großweil, Auweg 20

☎ 08851 9239145

www.efendilokal.com

Promberger Hof

Toptotal oberprächtig! Wenn man sagt, das ist ein Bauernhof, der Ferien auf dem Bauernhof anbietet, stimmt das schon, aber da sind Worte echt zu wenig. Denn es ist ein wunderschöner prächtiger Hof in Einzellage. Er bietet einen einmaligen Blick, ein Paradies für Kinder und Freude fürs Herz. Man kann also Ferien machen und gleichzeitig das Reiten lernen. Es gibt eine Reithalle und einen Außenplatz, für Kinder und Anfänger stehen drei brave Kleinpferde zur Verfügung. Auf gut ausgebildeten spanischen Pferden werden auch Lektionen aus der Hohen Schule wie Piaffe, Passage und alle Seitengänge gelehrt. Mit Fortgeschrittenen werden Ausflüge in die Umgebung gemacht. Auch toptotal oberparadiesische Ausblicke auf Loisachtal und Alpenpanorama.

Großweil-Zell, Stern 2
☎ 08851 492
www.promberger-hof.de

Hofcafé am Stern

Das ist das Café, das zum Promberger Hof gehört. Es mag schon sein, dass es Hofcafés überall gibt, aber hier gibt es nicht nur selbst gebackenes Brot und Strudel und Obstkuchen, hier gibts

auch noch Windbeutel. Das sind die feinen Brandteigküchlein, gefüllt mit einer Menge Sahne. Also etwas zu naschen, was so gut ist wie zu Omas Zeiten.

Kreut Alm

Hinter dem Museum gehts weiter, zur Event- und Ausflugsalm mit Geschichte. Genannt wurde die Hofstelle als Schwaige angeblich schon in den frühesten Güterverzeichnissen des Klosters Schlehdorf am Kochelsee. Man hat Vieh gezüchtet und Butter und Käse hergestellt. Seit 1970 ist die Kreut Alm als Ausflugsgastwirtschaft ausgebaut. Als Gemeindeteil von Schlehdorf gehört sie eigentlich nicht zum Blauen Land, sondern zu Kochel und dem Landkreis Bad Tölz-Wolfratshausen.

Kreut, Kreut 1
☎ 08841 5822
www.kreutalm.de

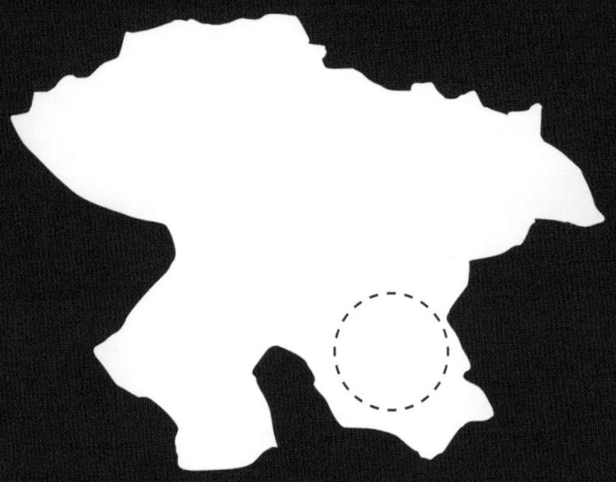

OHLSTADT

Am Fuß des 1790 Meter hohen Heimgarten, am Rand des Murnauer Mooses gelegen, ist der Name nicht Programm, das „-stadt“ leitet sich eher von der „Stätte“ ab. Die malerische Gemeinde Ohlstadt (Abb. unten) hat etwa 3500 Einwohner und ist Sitz einer Verwaltungsgemeinschaft, zu der sich Eschenlohe, Großweil und Schwaigen im Landkreis Garmisch-Partenkirchen dazugesellen.

Man hat hier unberührte Natur, es gibt auch ungerührte Ureinwohner. Die können mal rau, mal herzlich sein. Man hat hier „schon immer“ mit den Fremden mit großen Namen gelebt. Da kamen die Prominenten der Vergangenheit, wie etwa der Maler Friedrich August von Kaulbach, der sein Jagdhaus hier hatte. Und dann dessen Schwiegersohn, der Maler und Expressionist Max Beckmann. Der war an sich als ein eher grummeliger Grantler bekannt. Sein Sohn begründete 1954 das Kurwesen in Ohlstadt. Die Kurklinik prägt bis heute die Gemeinde, die Ohlstadtklinik wird von Patienten online und auf Nachfrage im Gespräch als fabelhaft bezeichnet. Man setzt

Barockes Kleinod: die dem heiligen Laurentius geweihte Pfarrkirche

hier auf Bewegung und Outdoor-Aktivitäten.

Zur Bewegung lädt in Ohlstadt auch ein Natur- und Solarfreibad mit riesiger Liegewiese, großen Becken für Schwimmer und Nichtschwimmer, Kinderplanschbecken und Beachvolleyballplatz ein. Am Fuß des Heimgarten gelegen, mit Blick auf die Gipfel – eine großartige Lage.

Vor mehr als 100 Jahren war es aber noch eine Reise ins middle of nowhere, wenn man sich aus der Stadt mit Zug und Kutsche auf den Weg nach Ohlstadt machte. Aber dennoch kam man gerne hierher auf Sommerfrische, um – so wie ein Ludwig Ganghofer und Ludwig Thoma oder eine Luise Rinser – zu jagen oder zu schreiben.

Der Ortskern von Ohlstadt zeigt noch immer einige alte Bauernhäuser, heute schmuck hergerichtet. Da erzählen noch Fresken vom alten Stolz. Mittelpunkt ist die Pfarrkirche St. Laurentius. Sie wird erstmals 1085 als „St. Lorenzkirche zu Owelstat" und später im Jahre 1271 als „Kirch zu Aulstat" erwähnt. 1762 erfolgte die Weihe der Kirche, wie sie heute noch steht. Ohlstadt war ein Wetzsteinmacherdorf. Die letzten Steine wurden 1950 aus dem Steinbruch unter dem Simmetsberg gebrochen.

Der Heilige Laurentius und die Sternschnuppen

Laurentius wurde im 2. Jahrhundert n. Chr. als Märtyrer auf einem Rost verbrannt. Selbigen trägt er daher auf vielen Darstellungen in der Hand. Sein Gedenktag ist am 10. August – der Beginn des Anbaus der Feldfrüchte des Herbstes. Es gibt den Laurenzilorbeer: Die Goldrute gilt als Heilmittel für verschiedene Krankheiten. Geweihte Laurenzikohlen schützen vor Feuer, der Laurentiussegen schützt bei Feuer und bei brennenden seelischen Qualen. Und die Laurentiustränen sind Sternschnuppen, die in den Augustnächten besonders gut zu sehen sind – vor allem hier in Ohlstadt, da ist noch wenig Licht- und Luftverschmutzung. Vor dem Dunkel der Bergnächte werden in der Erdatmosphäre verglühende Gesteinsbrocken sichtbar. Fachleute bezeichnen diese Meteoriten als Perseidenstrom, ihr scheinbarer Ursprung liegt im Sternbild Perseus; tatsächlich sind es aber Partikel einer Staubspur, die der Komet Swift-Tuttle im Jahr 1862 hinterlassen hat.

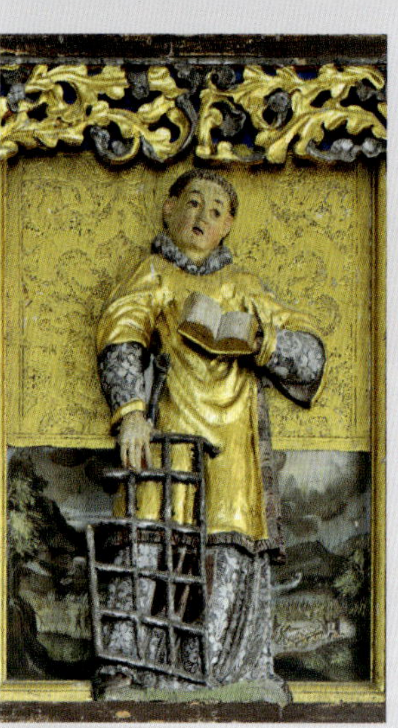

Anschauen

Lourdesgrotte

Bereits 1889 wollte man in Ohlstadt eine eigene Lourdesgrotte erbauen, durfte es aber nicht. Die, die jetzt unterhalb der Pfarrkirche steht, wurde 1910 eingeweiht. Marienerscheinungen waren gerade in der Mitte des 19. Jahrhunderts gern gesehene Visionen. Auch in Ohlstadt wird das „Vorkommniß einer angeblichen Marienerscheinung“ im

In der Lourdesgrotte in Ohlstadt sind die Maiandachten mystisch.

Juli 1873 gemeldet. Die überregionale Presse von Augsburg bis Wien berichtete über den Vorgang. Magdalena Bader, die „als junges Mädchen als Magd beim Willibaldhof im Dienst“ war, erschien in einem Stallglasfenster die Muttergottes. Die kirchliche Obrigkeit bezweifelte dies und versuchte, die Wallfahrer, die schnell von überall herbeiströmten, abzuhalten. Wegen einer Wunderheilung der Bonfilia Batzer in Lourdes wurde dann aber doch die Grotte aus Tuffstein gebaut und mit einer Lichterprozession feierlich eingeweiht. In einem Artikel des Bayerischen Landesvereins für Heimatpflege wurde das Geheimnis 2022 etwas aufgeklärt: „Das Wunder dieser Marienerscheinung ist leicht zu erklären. Ein frommer Mann klebte einst ein papierenes Marienbild an sein Fenster und dort blieb es, bis es durch Verwitterung und Schwitzwasser weggewaschen war. Aber die fetthaltige Druckerschwärze schützte das Glas an den Aufliegestellen gegen die Verwitterung durch die Ammoniakgase des Stalles, sodass im Verlaufe weiterer Jahrzehnte oder Jahrhunderte plötzlich, wie bei einer Photographie das ursprüngliche Bild auf dem Glase hervortrat.“ Ein motivgleiches Hinterglasbild von der in der Erscheinung gesehenen Muttergottes aus Absam besaß das Künstlerpaar Gabriele Münter und Wassily Kandinsky und inspirierte sie wiederum zu eigenen Gemälden.

Teufelssäule

Und noch eine übernatürliche Story: Im Jahre 1668 liegt ein Ohlstadter Bürger im Sterben. Der Mesner eilt daraufhin ins Kloster Schlehdorf, um geistigen Beistand für ihn zu holen. Ein Pater geht über die Kreut und Schwaiganger nach Ohlstadt. Dort, wo heute die Säule steht, wird es dunkel, obwohl noch nicht Nacht. Offenbar wollte eine finstere Macht verhindern, einem Sterbenden die letzten Sakramente zu erteilen. Der Pater fleht die Heilige Jungfrau Maria an, ihm zu helfen und gelobt, eine Gedenksäule zu errichten, wenn Gott den Spuk breche. Die Finsternis schwindet. Zum Dank errichtet er diese Säule aus Marmor , wo sie heute noch im Schatten alter Linden steht.

Heimgarten

Der Heimgarten ist 1791 Meter hoch und gehört, zusammen mit dem Herzogstand, zu den beliebten Münchner Hausbergen. Die Aussicht ist umwerfend, aber allein wird man wohl kaum auf dem Gipfel stehen. Um dorthin zu gelangen, unternimmt man von Ohlstadt aus eine leichte Bergwanderung, die über breite Forstwege und komfortable Pfade führt. Aber: Es ist kein Spaziergang! Man hat gut 1000 Höhenmeter vor und sollte schon fürs Berggehen ausgerüstet sein. Unten gehts zunächst etwas steiler über einen Waldpfad, den sollte man bei Nässe meiden. Die Heimgartenhütte, die unterhalb des Gipfels liegt, entschädigt für alle Anstrengung. Als Rückweg

bietet sich der etwas längere, aber dafür ungemein reizvolle Abstieg über die Kaseralm an. Bei dieser Variante hat man das Loisachtal, den Kochelsee und die felsige Nordseite von Herzogstand und Heimgarten stets grandios im Blickfeld.

Heimgartenhütte

Eine Hütte, die viel Arbeit und Lebensenergie gefordert hat, bis sie stand. 1931 hat ihr Erbauer, Hans Frey, damit begonnen, das gesamte Baumaterial hinaufzutragen. 1934 wurde sie eröffnet und dann begann fünf Jahre später der Zweite Weltkrieg. Nach Kriegsende baute Hans Frey eine Versorgungsstraße und kaufte sich einen 12-PS-Traktor. Seine Kinder und Kindeskinder haben die Hütte immer wieder renoviert, den Anforderungen der Zeit angepasst und erneuert. Alle diese Arbeiten waren in den fast 90 Jahren, die die Hütte nun besteht, nur mithilfe der Familie, Verwandtschaft, Freunden, Bekannten und den Bergwachtlern möglich. Aber der Besuch dort oben hat auch Generationen von Wanderern glücklich gemacht.

Öffnungszeit: Christi Himmelfahrt bis Kirchweih, 9–17 Uhr

☎ 0171950 7787

Herzogstand

Der Gipfel ist 1731 Meter hoch und der Blick reicht über Kochel- und Walchensee auf die Alpenkette im Süden, von der Zugspitze über das Karwendel bis weit in die Tiroler Berge und teilweise bis nach München. Der Herzogstand kann auch vom Heimgarten aus in einer Überschreitung erreicht werden. Bei der Gratwanderung sind Trittsicherheit und Schwindelfreiheit unabdingbar, zudem eine gute Kondition, denn die Wanderung dauert in etwa – mit Aufstieg zum Heimgarten – 7 Stunden. Runter kann man dann ja die Bahn vom Herzogstand nutzen.

Herzogstandbahn

Talstation ist in Walchensee, der große Parkplatz ist unübersehbar. 4 Minuten Fahrt und man steigt auf 1600 Metern Höhe aus. Das Panorama ist schon überwältigend, das fand bereits der Märchenkönig Ludwig I. und ließ damals einen Reitweg anlegen und ein Haus bauen. Der Herzogstand zählt nicht zu seinen Schlössern, ist aber durchaus wie diese ähnlich gern und viel besucht. Die Fahrt rauf und runter kostet (bei Redaktionsschluss) 16 Euro und fährt täglich von 9 bis 17.45 Uhr.

Herzogstandbahn

Kaulbach-Villa

Das Haus in Ohlstadt samt Atelier und großem Garten war der ländliche Sommersitz des Malers Friedrich August von Kaulbach (1850–1920), gebaut 1893 nach seinen eigenen Entwürfen. Als der „Malerfürst“ von München wird er gerne tituliert und in einem Atemzug mit Franz von Stuck und Franz von Lenbach genannt. Auch er wurde, ob seiner künstlerischen Leistungen sowie Verdienste um die Kunststadt München, in den persönlichen Adelsstand erhoben. Kaulbach war einer der bekanntesten und erfolgreichsten Porträtisten der Zeit um 1900 und konnte sich ein höchst luxuriöses Leben leisten. Sein Schwiegersohn Max Beckmann (1884–1950), einer der bedeutendsten bildenden Künstlern der Klassischen

Stattliche Kaulbach-Villa

Moderne des 20. Jahrhunderts, schuf in der Villa mehrere Gemälde, als er mit seiner Frau Mathilde („Quappi") von Kaulbach vor seinem Exil in Amsterdam längere Zeit hier verbrachte. In der Ohlstadter Villa befindet sich heute der künstlerische Nachlass Kaulbachs: fast 300 Gemälde und Ölskizzen, gut 1000 Zeichnungen sowie ein großer Bestand an Skizzenbüchern und Fotografien. Ausgestellt sind etwa 30 dieser Gemälde, zumeist Porträts seiner Töchter und von Familienmitgliedern. Zu sehen ist aber auch ein Gemälde der Münchner Schriftstellerin und Schauspielerin Grete Jehly-Gulbransson. Eine illustre Person, die unter anderem mit Hermann Hesse oder Rainer Maria Rilke be-

Atelier in der Kaulbach-Villa

freundet war und ihrem Mann, dem „Simplicissimus"-Zeichner Olaf Gulbransson, die Tür zur Gesellschaft öffnete.

Die Kaulbach-Villa in Ohlstadt wurde nach dem Tod des Malers mehrfach umgebaut, seit 1997 ist sie ein Museum. Zugänglich und im Originalzustand erhalten sind der Atelierraum und ein Studierzimmer. Die Tochter Kaulbachs, Hedda Schoonderbeek, war bis zu ihrem Tod Nachlassverwalterin. Sie sorgte dafür, dass das Haus und das Werk erhalten blieben. Die Kaulbach-Villa in München, das repräsentative Wohnhaus des Malers in der Maxvorstadt, ist heute der Sitz des Historischen Kollegs.

Zu den Prominenten der Zeit, die sich von Friedrich von Kaulbach malen ließen, gehörten unter anderem die deutsche Kaiserin Auguste Victoria, Zarin Alexandra von Russland, Baronin Margit Thyssen-Bornemisza, Familie Pringsheim, Familie Rockefeller, William Hearst. Kaulbach galt allerdings als der Maler der „Königinnen und Frauen" während Franz von Lenbach eher die Herren abbildete. Kaulbach orientierte sich an den großen alten Meistern, verschmolz aber die Maltradition mit zeitgenössischer Sichtweise. Er schaffte in der Kleidung fast fotografische Abbildungstreue und „schönte" zuweilen die Porträtierten für ihre Eitelkeit.

Ohlstadt, von-Kaulbach-Straße 22
Öffnungszeiten:
1. April bis 31. Oktober, Mittwoch und Samstag, 16–18 Uhr
25. Dezember bis 10. Januar, Samstag, 15–17 Uhr
Eintritt inkl. Führung: 4 Euro
☎ 08841 7480

Teure Konterfeis

Friedrich von Kaulbach setzte Prominenz aus den höchsten deutschen und amerikanischen Gesellschaftskreise ins Bild. Man zahlte für ein Porträt von ihm bis zu 90 000 Goldmark. Wenn man das auf heute überträgt, ist das ein unglaublich hoher Betrag. 1 Goldmark von 1900 entspricht in der Kaufkraft 7,7 Euro im Durchschnitt des Jahres 2022!

Nach historischem Vorbild wieder errichtet: Schleifmühle in Ohlstadt

Dorfmuseum

In der Kaulbach-Villa ist auch das Dorfmuseum Ohlstadt untergebracht. Es zeigt Bräuche, Traditionen und die Dorfgeschichte.

Ohlstadt, Von-Kaulbach-Straße 22
Öffnungszeiten wie Kaulbach-Villa

Schleifmühle

Ohlstadt war Jahrhunderte neben Unterammergau eine Hochburg der regionalen Wetzsteinproduktion. In Ohlstadt wurde in einem vierjährigen Gemeinschaftsprojekt der Gemeinde mit viel ehrenamtlicher Energie eine Erlebnisschleifmühle originalgetreu nach historischem Vorbild mit Steinsäge und Wasserrad wiederaufgebaut. Jetzt kann man nicht nur das Handwerk der Steinschleifer anschaulich kennenlernen, sondern auch wieder gut nachvollziehen, warum auf dem Wappen von Ohlstadt ein Ross mit einem Mühlenrad abgebildet ist. Ein kleines Museum zeigt die harte Arbeit der Steinschleifer. Von der Mühle gibt es einen herrlichen Ausblick auf Ohlstadt und das Murnauer Moos.

Ohlstadt, Simmersbergweg
Öffnungszeiten:
April bis Oktober jeden 1. Samstag des Monats, 13–17 Uhr
☏ 01711 960113

extra

Wetzsteinmacherei

Steinwerkzeug als Exportschlager

Eine geologische Besonderheit in Europa machte die Region zu einem Zentrum für die Wetzsteinmacherei. Hier gibt es im Gestein die sogenannten Ammergauer Schichten, die recht weit an der Oberfläche liegen. Die Kalksteinplatten wurden herausgebrochen und der Teil des Gesteins, der sich eignete, wurde grob zugeschnitten und von Hand mit dem Hammer zugerichtet. Diese Rohlinge wurden dann geschliffen und gereinigt und dann in ganz Europa verkauft. Bereits um das Jahr 1350 begann in Ohlstadt der Abraum. Im Jahr 1754 gab es vor Ort 17 Steinbrüche und 19 Schleifmühlen. Zur Hochzeit wurden etwa 260 000 Wetzsteine pro Jahr gefertigt und per Floß über die Loisach und die Isar hauptsächlich in die Donauanrainer exportiert. 1953 stellte die letzte verbliebene Schleifmühle ihren Betrieb ein.

Ein Wanderweg führ durch die Ammergauer Alpen zu den Dörfern, die vom Wetzsteinmachen lebten. Von Ohlstadt und dem Freilichtmuseum Glentleiten kann man bis nach Hohenschwangau gehen.

In Hagrain in Ohlstadt erinnert eine Kapelle (Abb. rechts) an die Steinbrecher. 1765 erbaut, hielten die Männer hier die Morgenandacht ab, ehe sie in den Steinbruch gingen.

www.wetzsteinmacher.de

Fieberkircherl

1640 erbaut, erinnert das Kircherl an die damals von den Spaniern eingeschleppte Pest. Eine Vielzahl an Votivtafeln zeigen, dass es in den vergangenen Jahrhunderten zu einem gern besuchten Wallfahrtsort wurde. Das Haus im Anbau diente einmal als Wohnstatt für einen Einsiedler. Von der kleinen Kapelle am Radweg von Schwaiganger nach Ohlstadt aus, bietet sich eine tolle Sicht in das Loisachtal bis Garmisch und die umliegenden Berge.

Schlemmen und Schlafen

La Locanda

Pension – Ristorante – Pizzeria: Eine feine, außergewöhnliche Kombination, um die sich die beiden Wirtsleute des La Locanda liebevoll kümmern. Freundlich und zuvorkommend von den Gastgebern betreut, fühlt man sich hier in jedem Fall wohl. Und die italienischen Gerichte schmecken in einem urigen bayerischen Biergarten erst recht.

Ohlstadt, Hauptstraße 6
☎ 08841 7355
www.lalocanda-ohlstadt.de

Tagungshotel Alpenblick

Das mehrfach ausgezeichnete Tagungshotel zählt zu den besten Deutschlands und ist am Wochenende auch für Nicht-Tagungsgäste buchbar. Das 3-Sterne-Superior-Haus hat ein Panoramarestaurant, eine Sonnenterasse mit Blick auf die Zugspitze sowie einen Wellnessbereich mit Sauna. In einem Tiny Haus im Park gibt es sogar eine eigene „Denkerstube“.

Ohlstadt, Heimgartenstraße 8
☎ 08841 79705
www.tagungshotel-alpenblick.de

Landgasthof Schwaiganger

Ein wunderbarer Biergarten mit Blick auf den Dressurplatz. Die Küche: deftig, bodenständig, hausgemacht. Zum einen stehen Klassiker der bayerischen Küche – Wurstsalat, kalter Braten und Brotzeit, Kässpätzle oder Schweinebraten – auf der Speisekarte, zum anderen Bruschetta, Cannelloni oder Pasta al forno. Eine großartige Melange aus Bayern und Italien, so wie das Wirtspaar: Anton Pölt, Metzger und Koch, und seine Frau Luciana, gebürtige Italienerin. Eine amore fantastico.

Ohlstadt, Schwaiganger 1
☎ 08841 4874600
www.landgasthof-schwaiganger.de

Biergartenidylle im Landgasthof Schwaiganger

Schwaiganger

Bayerisches Haupt-und Landgestüt

Schwaiganger ist eines der zehn Haupt- und Landesgestüte in Deutschland, die sich in der Kooperation „Die Deutschen Landgestüte“ vereinigen. Sie arbeiten zusammen, um gemeinsam die Landespferdezucht zu unterstützen und wertvolles kulturelles Erbe zu bewahren. Am Fuß des Heimgarten gelegen, umfasst das Gestüt insgesamt 860 Hektar. Gut 300 Pferde der Rassen Warmblut, Süddeutsches Kaltblut und Haflinger werden hier gehalten. Schwaiganger betreibt daneben in Guglhör eine Zucht bedrohter Nutztierrassen. Hier kümmert man sich um den Erhalt von Stein- und Brillenschaf, Schwarzem Bergschaf, Murnau-Werdenfelser Rind (→ siehe auch S. 146) und Rottaler Pferd.

Auch um fast aussterbendes Handwerk kümmert man sich, so ist hier seit 1955 die Staatliche Hufbeschlagschule angegliedert. Die Ausbildung zum Pferdewirt, Lehrgänge im Holzrücken mit Pferden oder auch Fahrkurse für Zwei- und Vierspänner werden angeboten.

Schwaiganger ist seit mehr als 1000 Jahren ein Ort, an dem Pferde gehalten werden. Die Schwaige wird im Jahr 955 erstmals urkundlich erwähnt. Ein Ungar sei der Besitzer gewesen, heißt es da. Die Besitzer wechseln häufig, erst als die Wittelsbacher im 16. Jahrhundert das Gestüt übernehmen, wird es kontinuierlich bewirtschaftet.

Die historischen Gebäude stammen zumeist aus dem 18. und 19. Jahrhundert. Die Sonnenuhr am Hauptgebäude zeigt ein Bild der Herzogin Maria Anna von Bayern, die hier 1780 bis 1790 ihren Witwensitz hatte. Nach dem Ende der Monarchie übernahm der bayerische Staat das Gestüt und widmete sich zunächst vor allem der Zucht von Kaltblütern.

Von 2004 an war Schwaiganger das Lehr-, Versuchs- und Fachzentrum für Pferdehaltung der

Bayerischen Landesanstalt für Landwirtschaft (LfL), es wurde 2020 den Bayerischen Staatsgütern zugeordnet und soll zukünftig verstärkt als Bildungszentrum für Pferdehaltung und Reiten weiterentwickelt werden. Das Haupt- und Landgestüt (HuLG) Schwaiganger stellt Deckhengste der Rassen Warmblut, Süddeutsches Kaltblut und Haflinger für die Landespferdezucht bereit. Der Zuchtbetrieb ist eine anerkannte EU-Besamungsstation. Die Einrichtung führt Stuten- und Zugleistungsprüfungen durch.

Gestütsführungen finden von Mai bis Mitte Oktober jeden Dienstag, Mittwoch und Donnerstag um 13.30 Uhr und 15 Uhr statt. Treffpunkt ist am Brunnen vor dem Hauptgebäude, sonn- und feiertags gibt es keine Führungen. Tickets sind vor Ort ohne Anmeldung für 5 Euro pro Person (Kinder bis 16 Jahre frei) erhältlich. Der Rundgang dauert etwa 1 ½ Stunden, führt zu den altehrwürdigen Gebäuden, zu stattlichen Hengsten, den „Landbeschälern", und im Frühjahr zu Stuten mit ihren Fohlen im Hauptgestüt. Anmeldung unter der Münchner Telefonnummer:

☎ 089 6933442900

Staatsgut Schwaiganger
Bildungszentrum für Pferdehaltung und Reiten, Haupt- und Landgestüt Schwaiganger
Ohlstadt, Schwaiganger 1
☎ 089 6933442900
www.baysg.bayern.de/zentren/schwaiganger/index.php

Eine gute Mischung

Lesen, was los ist im Blauen Land, kann man im Magazin „Melange“. Da geht es nicht nur um ein paar Veranstaltungstipps und nette Anzeigen, die Macher geben den Menschen im Blauen Land ein Gesicht. Inzwischen trägt das Heft Nachrichten, Porträts und schöne Geschichten zwischen Bad Tölz und Füssen zusammen. www.agentur-melange.de das-magazin

Franz Windirsch

Eine Melange aus Bobfahrer und Passionsspieler

Murnau ist seine Wahlheimat, eigentlich ist er gebürtig aus Oberammergau. Das gilt ja auch als ein schöner Ort für Besucher aus aller Welt, aber wissen Sie was? Für ihn gibt es keinen schöneren Ort auf der Welt als Murnau. Denn es ist eine offenere Welt hier in der Weite vor dem Alpenpanorama. Und das aus mehreren Perspektiven. „Wir sind ein Drei-Seen-Land: Wir haben den Staffel-, den Rieg- und den Froschhauser See. Den darf man nicht immer einfach nicht nennen", sagt er. „Geografisch liegen wir weit vor den Alpen und haben so einen wunderbaren Blick auf das Estergebirge, das Wettersteinmassiv und die Ammergauer Alpen. Wer nach Garmisch fährt, muss sich immer durch ein Nadelöhr stauen und verliert irgendwann die Nerven. Wir hier leben auf einer Meereshöhe, in der die Sonne abends noch für die Menschen sichtbar bleibt und nicht von den Gipfeln der Berge abgeschattet wird." Und auch der Ort selbst ist für ihn vor allem schön: „Es gibt keine größeren Bausünden im Markt Murnau. Die Menschen schauen, dass alles passt, sind fleißig und erhalten den einmaligen Ort. Und sie sind auch freundlich. Hier scheint es weniger ‚hagelbucherne' Bayern-Geister zu geben, die nur hiesige Dialektsprecher als ganzen Mensch akzeptieren. Geist und Kultur hat es in Murnau immer gegeben und das wirkt bis heute nach." Manchmal vergisst der Murnauer, welch ein Glück er hat, dass er in Murnau lebt. „Aber ich sag eines", lacht er, „es ist ein Glück, hier zu leben!"

Franz Windirsch, Herausgeber des Magazins „Melange" in Murnau, ehemaliger Bobfahrer der Deutschen Nationalmannschaft, der die Welt kennt und Murnau liebt. Franz trifft man auch mal im Café Krönner in Murnau.

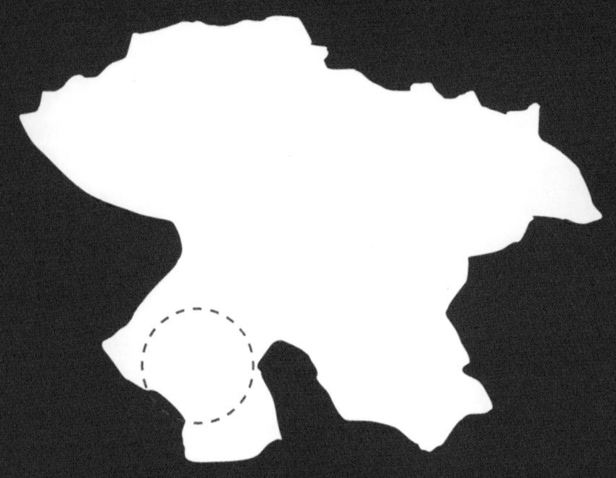

GRAFENASCHAU

St. Wolfgang

Das Dorf Grafenaschau gehört zur Gemeinde Schwaigen und liegt direkt am Murnauer Moos, unterhalb vom Hörnle. Es wirkt, als wäre die Natur hier noch völlig unberührt. Mehrere Weiler (Apfelbichl, Fuchsloch, Plaiken, Vorder- und Hinterbraunau) gehören dazu, etwa 600 Einwohner leben in dem kleinen Ort.

1731 gründete der Glashüttenmeister Johann Georg Tritschler eine Glashütte in Aschau. grundlage dafür: ein 30-jähriger Pachtvertrag mit dem Kloster Ettal. In der Glashütte wurden bis zu ihrer Schließung im Jahr 1890 Flaschen jeglicher Art und Größe produziert, außerdem Butzenscheiben, Glaskrüge, gläserne Öllampen, Bier- und Weingläser. Auch Fläschchen für die Steinölproduktion im Karwendel wurden verkauft. Der Vertrieb erfolgte meist durch Kraxenträger. Und man produzierte Glasscheiben aus durchsichtigem, leicht grünlichem Glas. Die brauchte man nicht nur als Fensterglas, sondern auch für Hinterglasmalereien, die im Staffelseegebiet so berühmt wurden. Eingestellt ist die Glasproduktion schon über 100 Jahre, aber die Produkte der Glashütte sind heute noch erhalten. Ein knapp 4 Kilometer langer und von der Gemeinde liebevoll gestalteter Glashüttenrundweg (festes Schuhwerk ist empfehlenswert) und ein großer, wunderbarer Glasluster in der Kirche St. Wolfgang erinnern an diese alte Handwerkskunst.

Dorfladen

Gästeinformation und Aschauer Informationszentrum finden sich gleich beim Dorfladen. Da gibt es regionale Produkte vom Honig über Wurst und Käse bis hin zum Öl. Gezahlt werden kann – mit dem Dorfladentaler. 2021 kam die Idee auf, den „Aschara-Taler“ einzuführen. Er ist eine Sammelmünze, ein Geschenk, ein Andenken und im Dorfladen ein Gutschein im Wert von 10 Euro. Damit kann man also in diesem Laden auch bezahlen.

Grafenaschau, Aschauer Straße 13
☎ 08841 6780505
www.dorfladen-grafenaschau.de

Grafenaschaus kommunikativer Mittelpunkt und Shoppingmeile

Meditationsweg durchs Blaues Land

Durch dieses schönes Stück Erde führt auch eine Teiletappe des „Meditationsweg Ammergauer Alpen im Blauen Land". Dieser hat eine Gesamtlänge von gut 105 Kilometern (Start Bad Kohlgrub) und führt in die Abgeschiedenheit der Natur und zu zahlreichen Kraftorten im Blauen Land. Texte auf Stelen am Wegesrand laden immer wieder ein, über den Sinn des Lebens nachzudenken, neue Perspektiven zu finden. Durch das Katzental hindurch und den Ettaler Berg hinauf, erreicht man das Ziel schließlich am Benediktinerkloster Ettal.

Man kann allein auf Wanderschaft gehen und folgt einfach den blauen Zeichen „Meditationsweg Ammergauer Alpen im Blauen Land", es gibt aber auch geführte Wanderungen. Dazu vermittelt die Touristinformation Murnau geeignete Guides.

www.dasblaueland.de/meditationsweg

Ausflugsmöglichkeiten

STOA169: eine Säulenhalle für den Diskurs

Gleich hinter dem Blauen Land, im Pfaffenwinkel, steht auf einer Wiese mitten in der Pampa eine offene Säulenhalle. Der Platz liegt unweit von Polling, einem Dorf, zu dem man von Murnau aus in etwa 1 Stunde hinradeln kann. Eine hübsche Strecke, die erst am Staffelsee vorbei, dann an der Ammer entlangführt.

Wie einst in der Antike soll diese Säulenhalle zum Nachdenken anregen. Es ist die Idee des Künstlers Bernd Zimmer. Dafür hat er mehr als 30 Jahre gedacht, gearbeitet, geredet. Sein Wunsch, Diskurs zu fördern, ist ihm persönlich damit bestimmt erfüllt worden. Denn viele waren erst einmal nicht voller Verständnis für das, was er da wollte. Mitten im Maisfeld was mit Kunst, die keiner versteht? Was soll denn der Krampf? Heute ist es ein Riesenerfolg.

Bernd Zimmer entwickelte die Idee auf einer Reise durch Südindien, als er dort die beeindruckenden Säulenvorhallen der hinduistischen Tempel sah. Die STOA169 soll Zeichen für weltweit friedliche Koexistenz, Solidarität, Völkerverständigung und Achtung der Natur sein. Künstlerinnen und Künstler aller Kontinente wurden ausgewählt, je eine Säule zu gestalten. Es gab nur zwei Vorgaben: Der Durchmesser sollte 30 bis 90 Zentimeter sein, die Höhe 3,90 Meter. Und dann kamen die Säulen irgendwie per Container, per Laster, per Pedes aus aller Welt auf diese Wiese. Oder

Fakten zur STOA169
Das Grundstück hat eine Größe von ca. 35 000 Quadratmetern. Nur fünf Prozent der Fläche wurden bebaut, ohne den Grund dabei zu versiegeln. Die Säulenhalle entstand so naturnah wie möglich. Es gibt weder künstliche Lichtquellen noch sonstige Elektrifizierung. Die Halle bleibt offen, auch für Vögel und Wildtiere. Da es keine künstlichen Lichtquellen gibt, haben die Tiere nach Sonnenuntergang ihre Ruhe.

die Künstler kamen nach Polling und arbeiteten hier wochenlang. Wie der Kirgise Shaarbek Amankul. Er gestaltete eine Chuko-Säule. Chuko sind Rinderkniegelenke. Diese Knochen sind ein Spielzeug für Kinder und Männer in Kirgisien und dort in etwa so in den Bräuchen verankert wie in Bayern der Schuhplattler oder das Watten. Mehr als 1000 Gelenke kochte der Künstler aus, jedes einzelne von örtlichen Metzgern bereitgestellt. Das Auskochen dauerte den ganzen ersten Corona-Lockdown an, der Künstler konnte ja nicht zurück nach Kirgisien reisen. Auch andere Konzeptkünstler kamen und gestalteten ihre Säule – aus Müll und alten Plastikflaschen oder aus alten Zeitungen, machten Mosaike und gestalteten Figuren. Natur und Kunst treffen hier in ungewöhnlicher Weise zusammen.
Wer ein Smartphone hat, kann sich die App STOA169 herunterladen. Zu den einzelnen Fotos ist ein Kommentar zu den Künstlern und ihrem Schaffen hinterlegt.

Polling, STOA169 an der B472
Autofahrer parken am Wanderparkplatz
Öffnungszeiten:
das ganze Jahr, jeden Tag
Spende statt Eintritt
Samstag und Sonntag um 11 Uhr öffentliche Führungen. 10 Euro pro Person; keine Anmeldung erforderlich
www.stoa169.com

Keine weitere Infrastruktur! Wer ein Café oder WC sucht, muss sich in Polling umschauen. Das ist aber unbedingt sehenswert, vor allem seine Klostergemäuer. Thomas Mann verbrachte hier öfter seine Ferien. Der Doktor-Faustus-Weg lässt Literaturliebhaber das Alterswerk anhand von 13 Texttafeln erwandern.

Walchensee

Der Walchensee ist für einen wunderbaren Tagesausflug von Murnau aus bestens geeignet. Er ist einer der größten und tiefsten Gebirgsseen Deutschlands. Man kann perfekten Zwetschgendatschi beim Bucherer naschen, kann ein bisserl herumwandern am Seeufer oder Tretboot fahren.

Am westlichen Ufer des Sees liegt der Ort Walchensee. Gleich am Eingang lohnt sich der Besuch des Walchensee-Museums, das seine Heimat im ehemaligen Hotel zur Post gefunden hat. Es zeigt vorwiegend das grafische Werk von Lovis Corinth (1858–1925), daneben noch einige Gemälde von Charlotte Berend-Corinth (1880–1967) und Maria Marc (1876–1955). Beides sind die weniger bekannten Ehefrauen der Künstler Lovis Corinth und Franz Marc. Aber, um es im Sinne der Gleichberechtigung mal hervorzuheben: Sie waren hinsichtlich ihrer Kunst mindestens (!) so inspirierende und intensiv wie ihre Ehemänner. Während Letzteren

ganze Museen gewidmet sind (→ siehe Kochel, Franz Marc Museum, S. 105), fristen die Frauen ein Dasein im Hinterzimmer. Aber im Hinterzimmer des Walchensee-Museums findet sich zum Beispiel noch ein Stück Webteppich von Maria Marc, die nicht nur am Bauhaus studiert hatte, sondern – weil Frauen ja immer eher handarbeiten durften – auch Gemälde schuf, deren Motive sie dann auch noch als Teppiche webte. Charlotte Berends Werk wird immer wieder von Walchensee nach Berlin entliehen, wo ihre eigenständige Arbeit in Museumsausstellungen gewürdigt wird. Hier ist und bleibt sie die Ehefrau, Muse und Schülerin von Lovis Corinth, die sich auf die Karriere ihres Ehemanns konzentrierte, die den 22 Jahre älteren Maler nach seinem Schlaganfall pflegte und seinen Nachlass für die Kunstwelt ordnete. Charlotte Berend emigrierte 1939 nach New York und machte dort als Lithografin und Buchillustratorin von sich reden.

Franz und Maria Marc, 1906

Einer weiteren „vergessenen“ expressionistischen Künstlerin ist erstmalig im Walchensee-Museum eine Dauerausstellung gewidmet. Zu entdecken ist das bisher unbekannte gesamte malerische Werk von Charlotte von Maltzahn (1881–1975).

Walchensee-Museum
Urfeld, Urfeld 4
☎ 08851 1486
www.walchenseemuseum.de

Walchenseekraftwerk
Auch ein Erlebnis ist ein Besuch im Walchenseekraftwerk. Als vor mehr als 100 Jahren klar wurde, dass es eine Energiewende braucht, wenn die Industrialisierung weiter voranschreiten und das Volk mobil werden sollte, hatte der Bauingenieur Oskar von Miller (1855–1934) eine Idee. Dessen Namen kennt man heute vorwiegend als Gründer des Deutschen Museums in München. Das ist auch einen Ausflug wert, aber das führt jetzt zu weit, Infos findet man hier: www.deutsches-museum.de.

Also dieser gute Oskar von Miller war es, der seine Vision, Bayern und die bayerischen Bahnen zu elektrifizieren, mit dem Bau des Walchenseekraftwerks im Jahr 1924 in die Tat umsetzte. Dafür nutzte er die 200 Meter Höhen-

unterschied zwischen Walchen- und Kochelsee, um elektrische Energie zu erzeugen.
Wer hier anreist, merkt die Höhe, wenn er den Kesselberg-Pass hinauffährt. Das Kraftwerk nutzt das Wasser der Seen. Oben ist der Walchensee, unten der Kochelsee, dazwischen gibt es eine Rohrverbindung. Das Walchenseewasser strömt durch sechs Rohre 200 Meter tief zu den Turbinen, die Generatoren antreiben. Das Wasser fließt dann weiter in den Kochelsee.
Jährlich liefern die acht Turbinen etwa 300 Millionen Kilowattstunden umweltfreundliche Energie. Kann man alles im Informationszentrum am Walchenseekraftwerk noch gescheiter und genauer erfahren.

Walchenseekraftwerk
Kochel, Altjoch 21
Öffnungszeiten:
Täglich 9–17 Uhr, Führungen müssen angemeldet werden.
☎ 08851 77225
www.walchenseekraftwerk.de

Einkehrmöglichkeit besteht im Restaurant-Café Oskar von Miller, montags Ruhetag. Die Öffnungszeiten sind ansonsten an das Info-Zentrum Walchenseekraftwerk gekoppelt, das von Ostern bis Oktober geöffnet hat, im Winter ist geschlossen.
Am „Tag des offenen Denkmals" im September kann auch das sogenannte Wasserschloss besichtigt werden. Hierbei handelt es sich nicht um ein romantisches Architekturdenkmal, sondern viel eher um ein Ausgleichsbecken mit 10000 Kubikmetern Fassungsvermögen – ziemlich beeindruckend!

Anreise

Auto

Über die Autobahn A95 München–Garmisch, Autobahnabfahrt Murnau / Großweil.
E-Autofahrer finden Ladestationen, müssen aber noch planen.

Bahn

Per Zug aus München oder von Innsbruck. Bahnhöfe gibt es auf der Strecke München–Innsbruck: Murnau-Bahnhof, Uffing, Ohlstadt, auf der Strecke Murnau–Oberammergau: Murnau-Bahnhof, Murnau-Ort, Seeleiten-Berggeist, Westried-Grafenaschau.

Flug

Der nächste Airport ist München. Man könnte auch Innsbruck oder Memmingen anfliegen.

Auskunft

Touristeninformationen

Tourist Information Murnau
Murnau, Untermarkt 13 (Rathaus)
Öffnungszeiten:
Mai bis Oktober, Mo–Fr,
10–13 Uhr und 14–17 Uhr,
Sa, So, Feiertag, 10–13 Uhr
November bis April, Mo–Fr,
10–13 Uhr und 14–17 Uhr
☎ 08841 476240
www.tourismus.murnau.de
www.dasblaueland.de

Gäste-Information Großweil
Großweil, Kocheler Straße 2
Öffnungszeiten:
Mo, 14–17 Uhr, und Do,
15–18 Uhr
☎ 08851 9401111
www.grossweil.de

Rathaus Riegsee
Riegsee, Dorfstraße 35
Öffnungszeiten:
Di und Fr, 8–12 Uhr
☎ 08841 3985

Gästeinformation Seehausen am Staffelsee
Seehausen, Johannisstraße 8
Öffnungszeiten:
1. Mai–1. Oktober, Mo–Fr
9–12 Uhr, 14–17 Uhr
1. Pfingstsamstag (Bayern) – letzter Samstag der bayerischen Sommerferien: Sa 9–12 Uhr
☎ 08841 3550
www.seehausen-am-staffelsee.de

Touristinformation Uffing
Uffing, Hauptstraße 2
Öffnungszeiten:
Juni bis September, Mo–Fr,
8–12 Uhr, Di 13.30–18 Uhr, Mi geschlossen, Oktober bis Mai, Mo

und Do, 8–12 Uhr
☎ 08846 920213
www.uffing.de

Gästekarte Blaues Land

Mit der elektronischen Gästekarte lässt sich kostenfrei Bus fahren. Bei der Bahn sind ebenfalls zwei Linien kostenlos inkludiert. Die Karte ermöglicht auch Rabatte, billigere Eintritte und Reservierungen. Die Gästekarte bekommt man von seinem Gastgeber, sofern er die Vergünstigungskarte anbietet.

Audioguide

An manchen POIs, also interessanten Punkten, gibt es einen erstklassigen Audioguide, der per Telefonnummer abgerufen werden kann. Der Flyer „Kulturmeile" liegt in allen Touristinformationen aus.

Gästeführer

Geführte Wanderungen, Stadtbesichtigungen und Naturexkursionen unter:
www.dasblaueland.de

Barrierefreies Reisen

Eine 68-seitige Broschüre „Unbeschwert unterwegs" mit Einkaufsmöglichkeiten, behindertengerechten Einrichtungen, Unterkünften, Ausflugsmöglichkeiten ist bei den jeweiligen Touristinformationen erhältlich.

Freizeit

Baden

Murnau
Staffelsee-Freibad
Murnau, Seestraße 31
☎ 08841 9861

Ohlstadt
Solar-Freibad Ohlstadt
Ohlstadt, Am Schwimmbad 1
☎ 08841 7575
www.ohlstadt.de

Seehausen
Strandbad Seehausen
Seehausen, Am Strandbad 11
☎ 08841 2951

Uffing
Gemeindebad Uffing
Uffing, Seestraße 53
☎ 08846 914311

Strandbad Alpenblick
Uffing, Kirchtalstraße 30
☎ 08846 914312

Riegsee
Freibadeplätze am See und an den Campingplätzen

Froschhausen
Froschhauser See (öffentlicher Badeplatz der Gemeinde Murnau) mit Parkplatz daneben
Froschhausen, nördliche Seeseite

Großweil
Naturfreibad Großweil
Keine Wasseraufsicht!
Großweil, Am Bad

Ohlstadt
Solarfreibad Ohlstadt
Ohlstadt, Am Schwimmbad 1
☎ 08841 7575

Außerhalb
Kristall Therme Trimini
Kochel am See, Seeweg 2
☎ 08851 5300
info@kristall-trimini.de
www.kristall-trimini.de

Bootsverleih

Murnau
Bootsverleih Murnau
Ruder- und Tretboote, Canadier, Stand-Up-Paddle (SUP)
Murnau, Achele-Bucht, Nähe Murnauer Strandbad

Staffelsee
Bootsverleih Seehausen
Ruder-, Elektro- und Tretboote
Seehausen, Am Ende der Johannisstraße

Riegsee
Campingplatz Brugger – Tretbootverleih für interne und externe Gäste
Hofheim, Seestraße 2
☎ 08847 728
office@camping-brugger.de
www.camping-brugger.de

Uffing
Strandbad Alpenblick
Uffing, Kirchtalstraße 30
☎ 08846 914312

Kino

Kino im Griesbräu
Murnau, Obermarkt 37
☎ 08841 5175 oder 9431 oder 487415, mobil 0173 9239019
info@kino-murnau.de
www.kino-murnau.de

Radln

Radlstadl
Murnau, Bahnhofstraße 10
☎ 08841 40222

Oberland Sports
Murnau, Petersgasse 3
☎ 08841 9988963, mobil 0172 4696726

RESA – Verleih & Service
Seehausen, Johannisstraße 8
☎ 0176 31421937
www.resa-verleih.de

Fahrradverleih Oppermann
Uffing, gegenüber Rathaus
☎ 08846 322

Sportartikelverleih Manfred Sporer (Boote & Bikes)
Großweil, Am Zeilacker 14
☎ 08851 1698, mobil 0171 5895455

Fahrradwanderkarten sind in den jeweiligen Touristinformationen erhältlich.

Windsurfen

Segel- und Surfschule Riegsee
Murnau, Neu-Egling 41

Krankenhaus

Unfallklinik Murnau

Murnau,
Professor-Küntscher-Straße 8
☎ 08841 480

Ladenöffnungszeiten

Wenn Sie aus NRW oder Berlin kommen: Hier schließen auch die Supermärkte spätestens um 20 Uhr. Am Sonntag haben sie nicht geöffnet. Viele Einzelhändler machen noch Mittagspause oder haben Ruhetage. Nach der Pandemie sind auch die Gastwirtschaften vom Personalmangel betroffen und nicht immer geöffnet. Also im Zweifel vorab anrufen und fragen.

Notfall- und Rettungsdienste

Allgemein

☎ 112 (Feuerwehr und Bergwacht)
☎ 110 (Polizei)

Bayerisches Rotes Kreuz – Rettungswache Murnau

☎ 08841 672224

Bergwacht

☎ 08841 79288

(Kinder-)Ärztlicher Bereitschaftsdienst

☎ 116117

Regionale Mobilität

Bahn

Das regionale Bahnstreckensystem ist bestens ausgebaut. Eine Fahrplanauskunft der Deutschen Bundesbahn unter:
www.bahn.de bayern-strecken-fahrplan

Bergbahn

Hörnle Schwebebahn
Bad Kohlgrub, Fallerstraße 14
www.hoernlebahn.de

Busse

Eine Fahrplanauskunft der regionalen Omnibusgesellschaft RVO und anderer Busunternehmen unter der Webseite:
www.dasblaueland.de/mobil

Omobi-Bus

Der regional verkehrende „Omobi-Bus" funktioniert wie ein Ruftaxi und kann flexibel per Handy-App oder Telefon bestellt werden. Er verkehrt zwischen Murnau, Riegsee und Seehausen. Ein Bürgerbegehren soll diese gut genutzte Transportmöglichkeit erhalten.
Fahrzeiten: Mo–Fr, 6–20 Uhr
Kosten: alle Fahrten 2,50 Euro
☎ 08841 60824901
www.dasblaueland.de mobil

Taxi

Taxi Schmidt
☎ 08841 4874584
Taxi Meier
☎ 08841 6082684 /
mobil 0157 92308623
Taxi Finsterwalder
☎ 0170 9194000

Es gibt eine hilfreiche Broschüre des Landkreises Garmisch-Partenkirchen mit Informationen zu Bus und Bahn, Bedarfsverkehr, Carsharing, Bergbahnen und Schifffahrt sowie dem Mitfahrbankerl. Erhältlich in der Tourist Information Murnau.

Weltberühmtes

Außerhalb des Blauen Landes, aber in der Nähe (ca. 1 Stunde Autofahrt), lohnt ein Ausflug nach:

Oberammergau

Zum Ort und alles weitere Wichtige zu dieser Region unter:
www.ammergauer-alpen.de

Kloster Ettal

www.kloster-ettal.de

Schloss Linderhof

www.schlosslinderhof.de

Schloss Neuschwanstein

www.neuschwanstein.de

Zugspitze

Bayerische Zugspitzbahn
Bergbahn AG
Garmisch-Partenkirchen,
Olympiastraße 31
☎ 08821 7970
www.zugspitze.de

IMPRESSUM, BILDNACHWEIS

IMPRESSUM

Originalauflage August 2023
Allitera Verlag
Ein Verlag der Buch&media GmbH

München Layout: Eva Stadler
Satz und Umschlaggestaltung:
Johanna Conrad
Umschlagvorderseite: Luftbild Riegsee
© Jörg Bodenbender
Umschlagrückseite: Impression am Staffelsee © Christian Kolb (2016)
Printed in Europe
ISBN 978-3-96233-042-2

BILDNACHWEIS

Abbildungen ohne Bildunterschrift:

S. 7: „Straße mit Frauen in Murnau" (1908) von Wassily Kandinsky
S. 95: Das Münter-Haus in Murnau
S. 97: „Zwei Frauen am Berg" (1906) von Franz Marc
S. 98: Titelseite des Almanachs „Der Blaue Reiter", 1913
S. 99: Blick ins Blaue Land
S. 101: Raum der Dauerausstellung zu James Loeb im Schloßmuseum Murnau
S. 116 / 117: Winterliches Schilf am Staffelsee
S. 156 / 157: Impressionen aus dem Freilichtmuseum Glentleiten
S. 162: Luftbild Gemeinde Ohlstadt
S. 166 / 167: Sonnenuntergang am Heimgarten
S. 172: Wetzsteinmacher bei der Arbeit (Freilichtmuseum Glentleiten)
S. 173: Hagrainer Kapelle
S. 177: Lüftlmalerei am Stammgestüt Schwaiganger
S. 186: Boote am Walchensee
S. 188: Turbinenhalle im Walchenseekraftwerk
S. 189: Rohrleitungen des Walchenseekraftwerks

Simon Bauer: 21, 66, 183 (u)
Bauer Sepps Märchenbühne: 130 (u)
Bezirk Oberbayern: 78 (Wolfgang Englmaier)
Bezirk Oberbayern, Archiv Freilichtmuseum Glentleiten: 156 (re) (Gerard), (Mi) (Bäck), li (Nixdorf), 172 (Gerard)
Blumen Müssig: 42 (o)
Jörg Bodenbender: 5
Nomi Baumgartl: 12, 13
Thilo Bischoff: 51
Sabina Bockemühl: 86, 88, 89
Camping Aichalehof: 135
Concept Store Susanne Bosse: 40
Das Blaue Land: 162 (Wolfgang Ehn), 165
Dorfladen Grafenaschau: 183 (o)
Dorfladen Riegsee: 146 (u)
erleben: Bayern: 157 (Bernhard Huber)
Ferienwohnung Schellenwies: 57
Franz Marc Museum: 105
Freskenhof Eglfing: 131
FriedrichWilhelm-Murnau-Stiftung: 31
Gäste-Information Ohlstadt: 169 (o)
Gasthof zum Stern: 124 (u)
Hotel Griesbräu zu Murnau: 56 (o)
Gemeinde Großweil: 155
Gemeinde Schwaigen / Grafenaschau: 182

Gemeinfrei: 7, 22 (CC0 1.0 Universal), 26, 33 (u) (CC0 1.0), 37, 45 (CC BY-SA 3.0), 46 (CC0 1.0), 48 (Renardo la vulpo), 56 (u), 69, 71, 73 (u), 76 (u), 91, 93, 95 (CC BY-SA 2.5), 97, 98, 101, 114 (CC BY 3.0), 125, 129 (CC BY-SA 3.0), 141 (CC BY-SA 4.0), 143 (CC BY-SA 4.0), 146 (o), 151, 163 (CC BY-SA 4.0), 164, 166 / 167 (Stefan V. Baumgartner), 170, 171, 173 (Andreas Schikora), 175, 183 (u), 187, 188 (Diego Delso)

Manfred Glück: 23, 28, 34, 60, 140

Helga Gretschmann / Rechenmacherhof: 134 (o)

Heimatmuseum Uffing: 130 (o)

Hirschvogl / Dopferhof: 134 (u)

Hofcafé am Stern: 159

Carolina Hopen: 33 (o)

Hotel Alpenhof: 54

Christian Kasper: 52

Nana Klaass: 138

Konditorei Krönner GmbH & co. KG: 47

Museum der Phantasie: 103

Museum Penzberg: 106

Chris Pfanzelt: 10

pixabay: 62, 99, 116/117, 133, 145, 147, 168, 174 (u), 186, 189

Pete Rösler: 14

Schloßmuseum Murnau, Bildarchiv: 25, 36, 74, 75 (Heinrich Hoffmann), 76 (o), 80, 82, 101, 104 (Nikolaus Steglich, Starnberg), 107 (Werner Kraus), 108

Seerestaurant Alpenblick: 132

Shutterstock: 9 (FooTToo), 20 (FooTToo), 118 (FooTToo), 128 (Christina Bauer), 149 (footageclips)

Staffelseemuseum Seehausen: 123

Harry Stahl: S. 50

Sonja Still: 38, 42 (u), 43, 44, 77, 84, 86, 154, 169 (u), 177

STOA169 Stiftung / Erwin Rittenschober: 184

Peter Strohwasser: 65

Kathrin Succow: 32, 49, 58 (privat)

SZ Photo: 119 (Josef Wildgruber), 122 (Willy Matheisl), 124 (o) (Manfred Neubauer)

Tourist Info Murnau: 18, 29, 35

Franz Windirsch: 178

Weisse Rose Institut e.V.: 73 (o)

Über die Autorin

Es ist der neunte Reiseführer, den Sonja Still hier vorlegt. Zwei Jahrzehnte war sie als Fernsehjournalistin für BR Fernweh oder arte entdeckung und andere TV-Shows unterwegs, bevor sie sich ganz aufs Schreiben konzentrierte. Es ist der Blick auf das augenscheinlich Bekannte, der sie interessiert und der, bei Nachfrage, oft Erstaunliches zutage fördert. Die Journalistin und Autorin ist am Tegernsee daheim. Von dort aus gibt es gewachsene Verbindungen ins Blaue Land, die ihr bei der Recherche halfen.

Eine wichtige Anmerkung der Autorin in eigener Sache

Dieser Reiseführer wurde noch in völlig konventioneller Handarbeit erstellt. So wie ich es gelernt habe: Lesen, recherchieren, nachfragen, hinfahren, reden, erzählen lassen, anschauen, überprüfen, glauben und bewerten, hinschreiben. Die Aussagen von Bewertungsplattformen bei der Auswahl von Hotels und Unterkünften habe ich zwar gelesen, aber nicht immer. Ich bin davon ausgegangen: Wo würde *ich* übernachten? Empfehlungen im breiten Stil halten dafür zielgerichtet und kompetent die jeweiligen Tourismusinformationen bereit. Ausflüge und Wanderungen habe ich mit Freundinnen oder mit Menschen aus Murnau unternommen und besprochen, die hier arbeiten und leben.

Wichtig ist mir, darauf hinzuweisen: Ich habe keine KI wie ChatGPT oder Schreibprogramme benutzt. Kollegen und Bekannte rieten, die Arbeit mir mit solchen Programmen doch leichter zu machen. Ich habe es ausprobiert, denn Schreiben ist eine langwierige und einsame Tätigkeit. Doch meine Versuche mit KI haben mich verstört. Es klang zunächst so einfach und plausibel, was das Programm auswarf. Bei der Überprüfung der Fakten allerdings kam großes Unwohlsein auf: Wassily Kandinsky wäre telefonisch erreichbar, Gabriele Münter habe Gedichte verfasst, Sabina Bockemühl sei 1899 in Murnau geboren und 1944 bei einer Bombardierung in Berlin ums Leben gekommen. Das Perfide dabei ist, dass auf den ersten Blick alles plausibel klingt. Klar hat Münter mal gedichtet, und Kandinsky kannte schon das Telefon. Und vielleicht gab es schon damals eine Sabina Bockemühl? Doch es wurde nie eine in Murnau geboren, der Name war 1899 nicht in Murnau verzeichnet, sie hat auch nie bei Lyonel Feininger studiert. Und am Ende behauptete die KI, die Autorin Sonja Still gäbe es nicht. Das war dann doch eine Frechheit! (IRONIE!) Kurzum, es dauert, bis man die Lüge erkennt. Ich hab es dann gelassen, diese KI zu erkunden und zu belehren.

Insofern gibt es hier also einen Reiseführer, der menschlich erstellt und handwerklich gemacht ist. Fast ein Jahr Arbeitszeit steckt in diesem Buch. Danke an alle, die sich die Zeit nahmen, mit mir übers Blaue Land zu sprechen.